彩色图解版

一本书读懂
创业融资

吕长青 | 编著

北京工业大学出版社

图书在版编目（CIP）数据

一本书读懂创业融资 / 吕长青编著 . —北京：北京工业大学出版社，2016.12

ISBN 978-7-5639-4955-7

Ⅰ . ①一··· Ⅱ . ①吕··· Ⅲ . ①企业融资 Ⅳ . ① F275.1

中国版本图书馆 CIP 数据核字（2016）第 236209 号

一本书读懂创业融资

编　　著：吕长青

责任编辑：杜曼丽

装帧设计：书心瞬意

出版发行：北京工业大学出版社

（北京市朝阳区平乐园 100 号　邮编：100124）

010-67391722（传真）　bgdcbs@sina.com

出 版 人：郝　勇

经销单位：全国各地新华书店

承印单位：三河市兴国印务有限公司

开　　本：710 毫米 ×1000 毫米　1/15

印　　张：16

字　　数：209 千字

版　　次：2016 年 12 月第 1 版

印　　次：2016 年 12 月第 1 次印刷

标准书号：ISBN 978-7-5639-4955-7

定　　价：38.00 元

前言

草根创业、小微创业的春天正在到来，小微企业发展的空间正在极大释放。诚如李克强总理的描述："30 年前，家庭联产承包责任制让千家万户闯市场，如今，鼓励千千万万人创业，将带动中国新一轮经济破茧成蝶。"

自由创业，创业致富，成就人生梦想，成为很多年轻人的追求。年轻人有梦想、有激情、有无限的创造力，但他们缺乏经验和必要的创业知识，而资金与财务方面的问题成为限制许多人创业成功的瓶颈。

创业面临的难题之一就是"缺少启动资金"，正所谓"万事俱备、只欠东风"。经常听到一些青年朋友感叹"给我一个支点，就能撬起整个地球，可是支点在哪里呢？"于是我们看到了"一分钱难倒英雄汉"和"出师未捷身先死，长使英雄泪满襟"的唏嘘场面。

创业者，尤其是白手起家的创业者，能否在创业的短期内融资，成为商海"试水"成败的关键。创业融资是创业的重要工作之一，很多时候甚至要成立专门的融资小组来解决启动资金的问题。

那么，创业资金从何而来，融资渠道有哪些？如何成功融资？如何组合多种融资渠道高效融资？这些都是创业者必须了解的硬知识。

幸运的是，今天的创业者面对的融资环境是丰富多元化的，是包容开放的，只要你用心努力，总会找到一种合适的融资渠道，总会融到一笔"创业资金"。

创业者需要做的就是了解融资渠道，了解每一种融资渠道的要求和规则，创业者所知道的融资渠道越多，越有利于成功融资。

本书全面系统地介绍了九种融资渠道，分为四篇展开介绍，主要包括互联网融资、金融融资和风险投资。

在互联网融资篇主要介绍了 P2P 网络贷款、淘宝贷款、阿里巴巴贷款和众筹融资。互联网融资是新兴事物，还不被大众所了解，但是小微创业者需要了解并拥抱这一新生事物。互联网融资门槛低、办理手续简单、贷款品种多元化，非常适合小微创业者，所以本书用了较多的篇幅介绍，希望创业者能享受到互联网融资的便捷高效。

在金融融资篇，主要介绍了大众所熟知的银行贷款，很多小微创业者认为银行贷款高大上，对草根不欢迎，其实是对银行贷款了解不多。在银行贷款品种中，有微贷款、无抵押小额贷款和创业贷款，都非常适合小微创业者。

在寻找风险投资篇，主要介绍了如何撰写商业计划书，如何寻找风险投资，如何打动风险投资者的心，如何与风险投资者签订投资协议。风险投资与互联网融资、金融融资互为补充，三者缺一不可。风险投资解决的是创业者长期发展所需要的资金，互联网融资、金融融资解决的是创业者短期现金流短缺的问题。

在项目融资篇，主要介绍了何为项目融资，项目融资的优势与劣势，项目融资的参与者，如何包装项目，PPP、BOT、ABS、TOT 等不同项目的融资模式与特点。项目融资虽然比传统融资方式复杂，但是可以达到传统融资方式实现不了的目标。

在所有的融资手段中，没有哪种更好，只有哪种更适合创业者。因此创业者需要对每种融资手段都有所了解，选择与自身发展更匹配的融资方式。

融资，并不像人们想象的那么难，创业者需要做的就是怀揣创业激情，充分了解和掌握融资方面的知识，选择适合自己的融资方式获得创业资金，用智慧和勇气攻克一个个难关，相信未来等待你的是更大的创业舞台和更广阔的事业发展空间。

也许你正准备创业，也许正在创业的路上，本书是你创业的"好伙伴"。创业的每个阶段，融资需求不同，初创业时，你需要的是启动资金，经过一段时间后，你需要的是充足的流动资金，企业进入盈利轨道后，你需要的是支撑企业扩大市场规模的资金。

看完这本书，你会发现，它是一本融资工具书，它可以放在手边随时翻阅，它可以伴随你的创业之路，它可以告诉你不同创业阶段的融资需求。

解决了资金问题，你就可以破釜沉舟般地带着你的创业团队腾飞了！

目 录

第2篇　**金融融资**

目录

第4篇 项目融资

第1篇
互联网融资

在此，我们首先要了解互联网金融。互联网金融是传统金融机构与互联网企业利用互联网技术和信息通信技术实现资金融通、支付、投资和信息中介服务的新型金融业务模式。

互联网融资主要包括 P2P 网络贷款、淘宝贷款、阿里巴巴贷款和众筹融资，互联网融资门槛低、办理手续简单、贷款品种多元化，非常适合小微创业者。

第1章 了解创业与创业融资

　　无论是什么形式和内容的创业都需要本金。因此，对创业者来说，能否快速、高效地筹集到资金，是创业成功至关重要的因素。

互联网时代，人人可创业

　　在北京繁华的商业中心南锣鼓巷，有个无名小店，卖各种奶茶，仅仅有十几平方米的店面，一年的营业额竟有数千万元，着实让人吃惊。

　　有位年轻人，在校读书期间，帮助校外的餐厅推送盒饭，每卖出一份盒饭，便获得3元奖金，这个年轻人凭着一部手机、一部电脑，利用校园论坛、微信朋友圈、微博宣传推广盒饭，最后他不但卖出了上千万盒饭，还成立了自己的公司，专门做起了"校园盒饭"生意，仅仅十几个人的团队，年利润却达到了几百万。

　　有位年轻的妈妈，不甘于在家带孩子的寂寞，索性把自己的家改造成亲子乐园，接收因父母临时外出无人照看的孩子，按小时收费，这位妈妈初期的想法很简单，开设亲子乐园既能赚些生活费，自己的孩子又有了小玩伴。不承想这一简单的创意，却收获了大生意，现在她的亲子乐园在无数个小区开张。

　　这就是微创业，用极小的成本创业，虽然投资少，但是见效快、收益多。一个人、一部电脑就能创业，一个人一部手机就能创业，一个人一间办公室就是一个微企业，一间办公室、五六个人的团队就是一个小企业。

　　官方对于微创业的定义是：包括业主本人在内，职工人数不到20人，创业者注册资本在 10 万元以下。

微创业这种模式鼓励冒险、宽容失败。同时让每个创业者的激情、热情、想象力都得到充分的释放和发挥。

在北京、上海等一线城市的创业园、孵化园区中，驻扎着成百上千个小微企业，很多小微企业都是朝气蓬勃的年轻人创立的。

在当下的网络时代，微创业、无本创业正在成为一种潮流。创业者的才能、自身技能或者是某方面的特殊造诣都可以用来创业，将自身的优势资源变现，这是微创业的核心精髓所在。

没有渠道销售、没有人脉推广，这不是什么问题。有诸多的平台可以让创业者一展才能，目前人人皆知的创业平台当属淘宝网，在淘宝网开店成就了无数的创业者。

当当网、卓越网等网商，都有自己的业务代理系统，参与者可通过这些代理平台借助网络或者线下人脉资源进行推广取得收益。

在移动互联网日益蓬勃兴起的今天，涌现出了很多应用开发平台，适合技术型的微创业。通过这些平台只需要将自己的产品开发出来后进行上传，只要有人下载就可以取得收益。

今天正是大众创业最好的时代，当你萌生了创业的想法时，就不要犹豫，放手去做吧！

图1-1　创业的历程

创业，算算你需要多少钱

在当前利好政策迭出的大背景下，微创业的前景无可限量。创业前景是光明的，道路是曲折的，在微创业的路上，碰到的第一个难题也许就是缺少创业资金。

创业的历程，总是和融资密不可分的，如图1-1所示。创业初期，需要筹资以启动项目；创业中期，需要融资来支撑企业的发展；当企业发展壮大后，更需要融资让企业发展得更快更好。

融资是任何企业都无法回避的重中之重。从企业主启动第一笔创业资金开始，就踏上了漫长的融资之路。

大家都知道，融资就是可以获得一大笔或是一小笔钱。有了这笔钱就可以添置更好的硬件设备，可以聘请更有实力的员工，可以进行更大规模的推广……如何能够成功融资？怎样才能根据企业自身特点，更快更容易地得到融资款？

创业融资对应企业的发展，有非常明确的阶段性。不同阶段的融资需求以及融资的渠道不尽相同。企业从创立到发展，一般需要经过四个阶段，如图1-2所示。

图1-2　企业从创业到发展的阶段

每个阶段的资金需求量是不同的，资金来源也不尽相同。只有对创业所处的阶段及资金需求量有明确的定位，才不会在令人眼花缭乱的融资市场上碰壁。

很多人融资失败，不是因为企业的项目不够好，而是因为听从了身边亲朋好友的建议，选择了不适合自己的融资渠道，因此多次碰壁，甚至最终丧失继续创业的信心。

在企业的发展历程中，每个阶段所需要的资金量和资金来源都是不同的，融资方式也不相同，见表1-1。

表1-1　企业各个阶段融资方式

企业发展历程	每个阶段的资金量及资金来源
企业种子期	需要的资金量较小。主要的融资渠道包括创业者自筹资金、向亲朋好友融资、银行贷款等
企业创业期	对资金量的需求比种子期大一些，这段时期主要的融资渠道是天使投资为主（个人投资基金）
企业成长期	资金需求量更大，这段时期的融资渠道以机构融资为主。机构融资主要指创业企业向相关机构融资，以各类贷款为主（包括信用贷款、抵押贷款、担保贷款、企业之间的信用贷款、中小企业之间的互助机构贷款等）
企业成熟期	融资主要来自于海外为主的创业投资资金，以及通过发行股票公开上市融资等

需要注意的是，在种子期，创业融资的额度一般都不会很大，因此在第一次融资的时候，创业者不能过于要求十全十美，也不要嫌弃资金太少，先要有启动资金让企业运作起来。然后不管是继续找融资，还是慢慢谋求更大的发展，都会容易许多。

创业融资渠道有哪些

测算出了你究竟需要多少钱才能启动创业项目，下一步就是通过合适的途径去募集资金。

幸运的是，在当今，融资渠道不再是单一的银行贷款模式，筹集资金的方法和渠道很多。随着上海自贸区的成立，国外投资银行也开始不断进驻。这一切对创业者创业资金的筹集都产生着良好的影响。

从资金来源上来说，融资可以分为企业内部融资和企业外部融资两种，因而要采取内部融资和外部融资两种方式，见表1-2。

表1-2 融资方式

融资方式	内 部 融 资	外 部 融 资
融资渠道	（1）创业者自筹 （2）资本金 （3）留存收益转化的新增投资 （4）公积金 （5）未分配利润 （6）折旧基金转化的重置投资	（1）银行贷款 （2）股权融资 （3）租赁融资 （4）商业信用 （5）开发银行贷款 （6）非正规金融机构 （7）众筹 （8）P2P贷款 （9）风险投资（天使投资）

注：以上融资方式中，最适合为创业者的融资方式有：创业者自筹、银行贷款、非正规金融机构、众筹、P2P贷款、风险投资（天使投资）。

企业内部融资主要依靠自有资金和内部集资，采取留存收益、发行内部股、应收账款、企业变卖、企业典当等形式来实现。

由于企业内部融资是企业依法筹集并长期拥有、自主调配运用的资金，因此这部分自有资金的风险较小，但数量也相对较少。

风险投资（天使投资）

风险投资，又称为天使投资。天使投资最早是指19世纪纽约百老汇戏剧的投资人的投资。当时投资戏剧有很大的风险，出资者大多不是为了获得盈利，而是出于对艺术的支持。因此人们尊称这些人为"天使"。

今天我们所说的天使投资，一般是指是手上有着大量闲钱的富有投资者，直接对他们认为有发展前途的企业进行投资，这种投资的方式属于一种民间投资方式。

在天使投资中，有以个人身份进行投资的投资者，也有由几个投资人共同组成天使投资机构，他们自行或者委托专门机构对刚开始创业的企业进行考察、投资。这种投资方式仍然属于民间投资方式。

如果创业者无法直接获得天使投资人信息，那么在互联网上进行搜索就是最便捷的方式。这样做的缺点是互联网上的信息量非常大，筛选合适的天使投资费时费精力。另外在一些投融资的网站人脉和资金类目下也有较多的客户资料信息。

如果没有足够时间精力的投入，建议最好可以通过专业的投融资信息服务机构和专业人士的引导来获取相关资料。天使投资的申请流程比较简单，只要项目得到天使们的认可，马上就可以启动，入资也很快。

如果进行得顺利，项目就会很快启动，资金随后即可到账。

对于微创业者来说，最难操作的融资方式莫过于风险投资（天使投资），找到合适的资金本来就不是容易的事，而能够得到风险投资人的认同更是难上加难，能顺利通过一轮轮的沟通谈判，获得风险投资，需要很多的注意事项和技能。在本书第 10 ~ 14 章，会以风险投资为重点，谈谈如何获得风险投资。

第1章 了解创业与创业融资

互联网金融

在这里重点要提到的新生事物是互联网金融。互联网金融风起云涌，让今天的创业者融资比任何时候都便捷。P2P(个人对个人的理财)网络贷款迅猛发展，P2P网络贷款让创业者的融资变得便捷高速，但是如何筛选出安全可靠的P2P平台，这需要创业者们静下心来思考。

对于时下火爆的众筹，微创业者有必要了解如何运作，搭上众筹的列车，为自己的创业项目融资。

在金融产品极大丰富的今天，不要把银行贷款当作唯一的融资模式，不要严重依赖银行来输血，具备了这样的理念，相信在今后的创业路上，你不会再为资金所困。

人脉融资——自筹资金

小微企业的起步阶段，贷款能力有限，相当一部分资金需要依赖自有资本。

作为创业者，尤其是创办有限责任公司的创业者，为了掌握控制权，必须有相当一部分自有资本。在小微企业的创业初期，除了创业者本人，亲戚或朋友就是最主要的资金来源。

美国自有企业经营协会主席乔治·道森说过：你的亲戚和朋友应该是创业者寻求资金来源的首要人选，不仅是因为他们最有可能相信你以及你的经营想法，而且因为他们最不可能像银行那样需要个人担保来拖累你。

需要注意的是如果自己赤手空拳，全部依赖他人的资金投入来经营企业，一般来说并不是好事。

在小微企业的初创期，对创立的企业拥有主导权，这是企业良性发展的基础。如果可能，应该自己占有最多的股份，否则，创业者的理念在很多时候无法得到贯彻，创业企业的失败率也会随着增高。因此，要想初创小微企业顺利经营，拥有必要的创业资金，是创业者必须具备的经济观念。

创业要想成功，往往在有创业想法的阶段就必须开始为创业进行必要的"储蓄"。如果每个月能够持续积蓄一部分资金，两三年间就可以积累到一笔不少的资金，如此就算向银行借钱，也会因此而拥有一定的信用基础。信用是通过时间慢慢建立起来，而非一蹴而就的。

怎样顺利地融到资金

对于小微企业来说，如何融到资金，怎样才可以更好更快地融到企业所需资金是最重要的。那么下面所列出的五大原则，需要特别注意，如图1-3所示。

图1-3 融资的五大原则

总的来说，创业企业的平均风险水平较高。有数据显示，哪怕是在创业活动非常频繁、融资渠道活跃畅通的美国，新创的企业失败率也相当高。美国公布的一项长期研究报告显示：在创业企业中，24%在两年内失败；52%在4年内失败；63%在六年内失败。因此，以最终结果为导向，慎重选择资金就是非常重要的了。

处于初创阶段的小微企业规模较小、实力较弱，因此相对来说融资的渠道和方式，能够选择的余地也比较小，在很多时候会比较容易接受可能并不适合的资金进入。

正因为小微企业的抗风险能力相对较弱、筹措资金更加困难，就更应当挖掘企业优势、找到核心竞争力。小微企业应更多地从综合性的经营必需成本和所需资金成本之间进行衡量，以及融资风险和投资收益等各方面因素进行衡量。

在资金运作的方面，一方面，为了满足小微企业运营的需要，小微企业要从数量上增加资金的总量。另一方面，在小微企业开始运作以后，要用各种方式调整资金占用结构，加速资金的周转流通，提高资金的使用效率，以满足小微企业不断扩大的生产经营的需求，保持一个良好的发展态势。

金融机构是企业融资、筹资的重要渠道，与金融机构保持良好关系，可以给小微企业带来很多的便利。比如，如果金融机构对企业有较深的了解，也认同企业的发展方向，那么它一定会愿意支持企业的发展。就算是相同的条件下，需要在一个熟悉的企业和一个不熟悉的企业之间做选择，从心理学的角度上来说，金融机构一定会选择相对熟悉的企业。因此与金融机构保持良好的关系，对每一个成功的小微企业者来说都是必修的一课。

由于现在的金融机构众多，小微企业势必不可能和所有金融机构都保持良好的关系，那么如何来选择合适的金融机构呢？什么样的金融机构会是适合小微企业的金融机构呢？主要有以下几种，如图1-4所示。

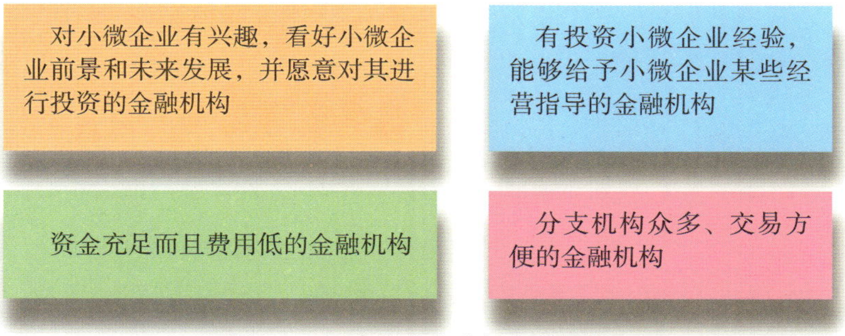

对小微企业有兴趣，看好小微企业前景和未来发展，并愿意对其进行投资的金融机构	有投资小微企业经验，能够给予小微企业某些经营指导的金融机构
资金充足而且费用低的金融机构	分支机构众多、交易方便的金融机构

图1-4 适合小微企业的金融机构

第2章 快捷便利的融资
——P2P网络贷款

互联网金融正逐步改变着人们金融生活模式。投身于互联网金融大潮中，不但能享受便捷式理财，还能获得高额收益。在互联网金融中，微创业者的贷款申请不再被拒之门外，高效快捷的贷款流程能帮助创业者解决燃眉之急。

P2P网贷的产生历程

世界第一家P2P（Peer to Peer）平台是2005年由4个英国年轻人创建的Zopa（全称为英国Zopa网上互劝供贷公司，Zopa是"可达成协议的空间"的缩写）。Zopa于当年3月在伦敦上线，该网站主要服务对象是社区的小额借款者。Zopa通过把在该网站上注册的借款人需求与投资者供给进行撮合匹配，从而实现资金的融通。现如今，其业务已扩展至意大利、美国和日本，日均投资额达到200多万英镑。

图2-1　P2P网络贷款示意图

P2P网贷如图2-1所示。

中国的第一家P2P诞生于2007年，2011年进入快速发展期，但它实现真正意义上的爆发式增长是在2012年。在这种强劲增长的背后，其实是一个由众多的中小微企业所形成的融资需求市场。

中国有着 4200 万中小企业，他们为中国的 GDP 做出了 60% 的贡献和 50% 的税收，但其中 90% 的企业借贷无门，

融资困难。如何能方便快捷并以尽量低的成本融到资金是我们本书所阐述的内容，也是这章所要解决的问题。

2014 年 9 月 19 日，P2P 行业咨询机构网贷之家研究院发布最新数据称，2014 年 1 ~ 8 月，我国网贷行业成交量约为 1253.35 亿元，月复合增长率为 9.86%。而在 P2P 平台数量方面，截至 2014 年 8 月 31 日，全国正在运营的网贷平台共计约 1357 家，预计到 2014 年底，我国网贷平台或增至 1800 家左右。

备受关注的《关于促进互联网金融健康发展的指导意见》（银发【2015】221 号）经党中央、国务院同意于 2015 年 7 月 18 日发布。互联网金融的发展对促进金融包容具有重要意义，为大众创业、万众创新打开了大门，在满足小微企业、中低收入阶层投融需求等方面可以发挥独特功能和作用。这对于小微企业来说无疑是一个利好消息，这有利于提高 P2P 平台对于小微创业者创业的服务水平。

随着监管政策的到位，P2P 网贷将告别野蛮生长期，在小微企业者融资领域发挥越来越重要的作用。

互联网与金融日益紧密的联系，其催生出的互联网金融被视为颠覆传统金

融行业的力量。本章的重点并不在于探讨金融行业的变革，而是想揭示这样一个道理，即我们——大多数置身于互联网金融大潮中的普通人，也能够从这个时代最前沿的发展中受益。

P2P 网贷：便利的低门槛贷款平台

根据百度百科的解释，P2P 网贷又称 P2P 网络借款。其典型的模式为：网络信贷公司提供平台，由借贷双方自由竞价，撮合成交。资金借出人获取利息收益并承担风险；资金借入人到期偿还本金，网络信贷公司收取中介服务费。

P2P 网贷借款的特点见表 2-1。

表 2-1　P2P 网贷借款特点

门槛低，月收入 2000 元即可申请贷款
提供纯信用借款，无须任何抵押或担保，只需要提供必要申请材料并通过审核，即可获得最高 50 万元的借款额度
人人贷面向各类借款用户，设计了多样化的贷款产品，用户可以根据自身情况选择适合的借款产品
贷款申请人提交材料、审核、放款全程互联网操作，便捷高效

在 P2P 平台申请贷款只需要以下几个步骤就可以完成贷款流程：

第一步，注册成为 P2P 平台用户，完成身份认证；

第二步，选择借款产品发起申请；

第三步，上传必要申请材料；

第四步，通过审核后开始筹标；

满标后，借款完成立刻放款，之后申请贷款人只需每月还款即可。

看到这里，创业者一定很关心在 P2P 平台贷款的利息，我们用人人贷平台利息标准加以说明，如图 2-2 所示。大部分 P2P 平台收取的利息费用大同小异，不会有太大的差别。

借款金额　10000　元

	借款期限	月综合费率	月还款额 ⓘ	总还款额
◎	3个月	0.88%	3421.33元	10263.99 元
◎	6个月	0.88%	1754.67元	10528.02 元
◎	12个月	0.88%	921.33元	11055.96 元
◎	24个月	0.88%	504.67元	12112.08 元

图 2-2　人人贷平台利息标准

P2P 网贷的风险

P2P 平台贷款的申请、身份认证、还款，都是通过互联网完成的，这也是互联网金融的典型特点。当然人们在享受互联网金融的便捷高效时，不得不承受信息泄露的风险。

虽然所有的 P2P 平台都号称采用最先进的加密技术，对个人信息进行加密处理，但是网络安全隐患一直伴随着互联网的发展历程。大型网站被黑客攻击、被病毒攻击的案例并不鲜见。同时个人信息被工作人员作为商品出卖的新闻时有曝光，所以个人信息安全是最大的风险隐患。

看到 P2P 平台破产的新闻，我们不得不关注 P2P 网贷的风险。互联网金融大潮席卷之处，难免泥沙俱下，除了信息泄露风险以外，这其中可能存在的风险有：法律风险、市场风险、道德风险、操作风险、高利率风险、信用风险。其中，高利率风险和信用风险尤其值得重视。

高利率风险与传统的贷款方式，比如与银行贷款相比，很多P2P平台采取的是无抵押贷款，这就使得平台以及投资者承受较高的风险，因此一般要求借款者支付比较高的借款利率。

信用风险。P2P平台良莠不齐，最近频频发生的平台方携款跑路也会使投资者遭受了极大的损失。因此在选择P2P平台时，需要谨慎小心，以避开那些经营不善或本身就是诈骗型的平台。

下面我们以拍拍贷、人人贷为标本，介绍在这些平台进行借款的具体操作流程，打开小微企业借助P2P平台进行融资的大门。

网贷平台1：拍拍贷

拍拍贷2007年上线，是成立时间最早、交易量最大的P2P平台。

拍拍贷的产品有：普通借款标、网购达人标、应收安全标、网商用户标、私营企业主标、莘莘学子标。

现在，我们以网商用户标和私营企业主标这两种产品为例进行介绍，见表2-2。

表2-2 拍拍贷产品介绍

项目	网商用户标	私营企业主标
适用类型	适用网店卖家	适用私营业主
额度	3000元~50万元	3000元~50万元
贷款期限	3~12个月	3~12个月
贷款利率（年）	16%~24%（即月利率: 1.33%~2%）	12%~24%（即月利率: 1%~2%）

项目	网商用户标	私营企业主标
投标时间	1~9 天	1~15 天
审核时间	优先审核	满标后 1~3 个工作日
还款方式	等额本息，按月还款	等额本息，按月还款

借款费用

1. 成交服务费

成交服务费的收取根据借款时间的长短、借款是否成功，见表 2-3。

表 2-3　成交服务费

项目	借款成功	借款不成功
6 个月（含）以下	本金的 2%	不收取
6 个月以上	本金的 4%	不收取
首次借款	一次收取 199 元	不收取
二次增值	本金的 7%	不收取
投标时间	1~9 天	1~15 天
审核时间	优先审核	满标后 1~3 个工作日
还款方式	等额本息，按月还款	等额本息，按月还款

2. 充值费用和提现费用

充值费用和提现费用是由第三方支付平台收取的支付费用，见表 2-4、表 2-5。

表 2-4　充值费用

项目	内　容
即时到账	充值金额的 1%
非即时到账	银牌用户免费；非银牌用户，若充值金额超过 1000（含）元，则单笔 10 元

表 2-5　提现费用

项　目	1 ~ 3 工作日到账	工作日当天
30 000 元（不含）以下	3 元/笔	10 元/笔
30 000-499 999 元	6 元/笔；银牌会员 3 元/笔	20 元/笔

3. 逾期费用

（1）如果借入者逾期，借出者收回全额罚息、利息、本金后，拍拍贷再按照逾期本金 0.6%/ 日收取催收费用，由拍拍贷奖励积极参与催收的借出者或者补贴催收成本。

（2）如果借入者逾期 60 天以上，拍拍贷把对该笔借款所收的成交服务费按比例如数补偿借出者。一旦借入者还款后，网站将从借出者收回这笔费用。

借款流程

借款流程以拍拍贷为例，如图 2-3 所示。

借入者
发布借款列表

借出者
竞相投标

借入者
借款成功

借入者
获得借款

借入者
按时还款

图 2-3　借款流程示意图

借款流程示意图通过网上银行或第三方支付（如支付宝、财付通），借款人先充值到拍拍贷账户上，再还款。网上操作流程如图 2-4 所示。

我的账户 → 账户充值 → 即时充值/非即时充值 → 还款

选择您所需要的充值方式

拍拍贷系统会根据各位借出者的出借比例，自动将钱打入借出者的账号

图 2-4　网上操作流程图

网贷平台2：人人贷

人人贷2010年上线，是网贷后起之秀，其独特之处在于超低的逾期率，完善的先行垫付制度，充分保证了本金安全性。尤其是其完善的"先行垫付"制度，人人贷网站总是很火爆，12%年化以上的高息标出现必被秒抢，普通收益的标也会很快被抢购一空，理财计划需排队预约。这意味着，创业者在人人贷申请贷款，从发标到最终获得贷款的时间不会超过一个星期。

人人贷主要有工薪贷、生意贷、网商贷三种贷款产品，见表2-6。

表2-6　人人贷主要产品

项目	内　容
工薪贷	工薪贷是人人贷为工薪阶层量身定制的一款借款产品。帮助工薪族满足装修，买车以及个人消费等需求，提高生活品质
生意贷	生意贷是人人贷为私营业主打造的一款借款产品。相比银行贷款产品，它有申请方便、门槛低、借款审核和筹款周期短等特点。帮助私营业主解决燃眉之急
网商贷	网商贷是人人贷为淘宝、天猫网商专门定制的一款借款产品。网商贷无须上传过多的申请材料，淘宝和天猫卖家足不出户就能得到周转资金

借款费用

1.借款年利率

人人贷目前的利率范围为10% ~ 24%。借贷的最高年利率设定为同期银行借款年利率的4倍，且随着银行借款利率的调整而调整。

2.借款服务费

人人贷收取的借款服务费将全部存于风险备用金账户用于人人贷的本金保障计划。

服务费将按照借款人的信用等级来收取。借款人信用等级及服务费率见表2-7。

表 2-7　借款人信用等级及服务费率

项目	内　容						
信用等级	AA	A	B	C	D	E	HR
服务费率	0%	1%	1.5%	2%	2.5%	3%	5%

3. 借款管理费

人人贷按照借款人的借款期限，每月向借款人收取借款本金的 0.3% 作为借款管理费。

4. 充值费用及提现费用

充值费用及提现费用是由第三方支付平台收取的支付费用。第三方支付平台将收取充值金额的 0.5% 作为转账费用。扣除手续费的上限为 100 元，超过 100 元的部分将由人人贷承担，也可使用免费充值券，抵去该笔充值费用。因篇幅有限，此处不做展开，详情可查见官网具体规定。提现费用见表 2-8。

表 2-8　提现费用

项目	内　容		
金额	2 万元以下	2 万（含）~ 5 万元	5 万（含）~ 100 万元
手续费	1 元 / 笔	3 元 / 笔	5 元 / 笔

5. 逾期罚息

当借款发生逾期时，正常利息停止计算，按照下面公式计算罚息。

罚息总额 = 逾期本息 × 对应罚息利率 × 逾期天数

逾期天数及罚息利率见表 2-9。

表 2-9　逾期罚息

项目	内　容	
逾期天数	1 ~ 30 天	31 天以上
罚息利率	0.05%	0.1%

6. 逾期管理费

当借款发生逾期时，正常借款管理费用停止计算，按照下面公式计算管理费。

逾期管理费 = 逾期本息 × 逾期管理费率 × 逾期天数

逾期天数及逾期管理费率见表 2-10。

表 2-10　逾期管理费

项目	内　容	
逾期天数	1~30 天	31 天以上
逾期管理费率	0.1%	0.5%

申请借款步骤

1. 填写借款申请

（1）登录人人贷网站，打开"我要借款"——"工薪贷"查看详情页面（以工薪贷为例），点击"申请借款"，如图 2-5 所示。

图 2-5　登录人人贷网站示意图

（2）进入"填写借款申请"页面，找到"借款申请信息填写"，输入借款标题、借款用途、借款金额、借款期限、年化利率、借款描述，点击"保存并继续"，进行借款申请，如图 2-6 所示。

021

图 2-6　填写借款申请示意图

2. 填写个人信息并上传认证资料

不同的贷款产品，需要不同的认证资料，见表 2-11。

表 2-11　认证资料

产品	必要认证资料
工薪贷	身份认证，个人信用报告，劳动合同或在职证明，近 3 个月工资卡银行流水
生意贷	身份认证，个人信用报告，经营证明，近 3 个月常用银行卡流水
网商贷	身份认证，提供网店地址及阿里旺旺账号，需进行 QQ 视频审核

可选认证资料包括：房产认证、购车认证、结婚认证、学历认证、技术职称认证、手机实名认证、微博认证、居住地证明。

（1）登录人人贷网站，打开"我要借款"→"工薪贷"查看详情页面（以工薪贷为例），点击"申请借款"，"填写借款申请"后在"填写借款信息"的过程中上传"必要认证资料"，如图 2-7 所示。

图 2-7　上传"必要认证资料"示意图

（2）可以在"上传资料"页面中上传所有"必要上传资料"和"可选上传资料"，如图 2-8 所示。

图 2-8　上传资料示意图

需要注意的是，借款人应确保所有资料上传完整，之后再点击"提交申请"。"提交申请"后将无法补充上传资料。确认"提交申请"后，人人贷的客户经理将检查资料，如果资料上传有误或未上传齐全则会驳回资料，但可继续操作补充资料。资料上传后无法操作修改和撤销，可按照上述说明继续补充上传。

3. 通过审核

借款申请将于3个工作日内审核完成，借款人可通过下面的方式查看审核进度。

登录人人贷网站，打开"我要借款"→"工薪贷"查看详情页面（以工薪贷为例），点击"申请借款"，"填写借款信息"并点击"提交申请"后，即可查看您的审核进度。

（1）在审核页面第③步下方显示"等待审核"表示客户经理正在检查借款人的资料，如图2-9所示。

图2-9　查看审核进度示意图（一）

（2）第③步下方显示"审核中"表示借款人的资料已上传完整，客户经理已将借款人的资料递交至信审部门进行审核，如图2-10所示。

图2-10 查看审核进度示意图（二）

4. 筹集借款

审核成功后会得到相应的信用等级和信用额度，同时客户经理打电话沟通借款金额、期限和利率，确认后进行筹款，借款金额会在 1 ～ 3 天内筹集完成。

5. 获得借款

（1）登录人人贷网站，打开"我的人人贷"，点击"提现"，如图2-11所示。

图2-11 获得借款示意图（一）

（2）如果已添加过银行卡，选中要提现的银行卡，如图2-12所示。

图2-12 获得借款示意图（二）

（3）如果没添加过银行卡，点击"添加银行卡"；弹出添加银行卡对话框；完善银行卡信息，如图2-13所示。

图2-13　获得借款示意图（三）

（4）填写提现金额、提现密码，点击"提现"，如图2-14所示。

图2-14　提现示意图

还款步骤

当账户余额不足支付当期还款时，可先通过网银为账户充值。

（1）登录人人贷网站，打开"我的人人贷"→"资金管理"→"充值"页面，找到"选择充值方式"、"填写充值金额"，选择充值方式，输入充值金额，点击"充值"进行充值，如图2-15所示。

图 2-15　充值示意图

（2）充值完成后，可以自行点击还款。继续打开"借款管理"→"我的借款"页面，找到"还款中借款"，点击"还款"，选中要归还的一期借款，点击"确认还款"，进行还款，如图2-16、图2-17所示。

图 2-16　还款示意图（一）

还款记录

	还款日	应还金额	应还本金	应还利息	借款管理费	逾期费用	状态
☑	2014-06-29	2682.41	2557.21	125.20	0.00	0.00	待还
	2014-07-29	2682.41	2579.12	103.29	0.00	0.00	待还
	2014-08-29	2682.41	2597.90	84.51	0.00	0.00	待还
	2014-09-29	2682.41	2619.81	62.60	0.00	0.00	待还
	2014-10-29	2682.41	2641.72	40.69	0.00	0.00	待还
	2014-11-29	2676.15	2654.24	21.91	0.00	0.00	待还

已还总额　　0.00元
待还总额　　16088.20元

本次还款金额　**2682.41**元

我的可用余额　0.00元　　　充值
您的余额不足，请先充值

确认还款

图 2-17　还款示意图（二）

（3）充值完成后等待系统自动扣款，无须自行点击还款。

第3章 淘宝贷款，网店创业者的融资首选

淘宝贷款的优势在于：申贷流程简单、便捷、资金当天到账、及时、自动便捷还款、快速。

什么是淘宝贷款

淘宝贷款与阿里巴巴贷款是阿里巴巴金融旗下的姐妹品牌，是向淘宝店铺店主和天猫商城店主提供的一类贷款，旨在解决小微企业和创业者的融资难题，从而保障店铺掌柜和商城店主的正常发展经营需要。

自 2010 年淘宝贷款在杭州推出以来，目前已经扩展至多个城市，已经帮助众多小微企业和创业者成功融到了业务经营和企业发展所需要的资金。

淘宝贷款是由阿里巴巴集团控股的小额贷款公司提供贷款资金。

淘宝贷款目前有三种模式，如图 3-1 所示。

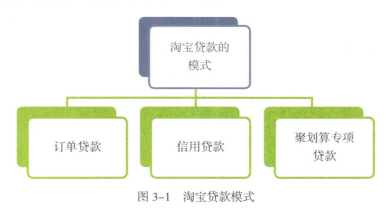

图 3-1 淘宝贷款模式

029

订单贷款

订单贷款是一种基于卖家店铺已发货而买家未确认的实物交易订单金额的贷款，它结合店铺运营情况，进行综合评估后给出授信额度。

订单贷款与银行贷款相比的优势在于：申贷流程简单、便捷，资金当天到账，及时；自动便捷还款，快速。订单贷款简介见表3-1。

表3-1　订单贷款简介

项目	内　　容
申请条件	（1）店铺注册人年满18周岁，具有完全民事行为能力的淘宝卖家 （2）淘宝店铺最近两个月持续有效经营，每个月都有有效交易量 （3）诚实守信，店铺信用记录良好
贷款额度	1元到100万元
贷款期限	每笔贷款的期限最长不超过该笔贷款发放之日起60天（具体以申请合同为准）
计息方式	按日计息，贷款按实际使用金额和天数计算利息，借款日计息，还款日不计息
贷款利率	0.05%/天，订单贷款目前的日利率约为万分之五，也就是10 000元贷款一天的利息是5元
还款方式	（1）系统自动还款：当订单交易成功时，一般系统会自动扣取对应的交易金额进行还贷（店铺经营发生波动或者退款时也有可能系统自动还贷） （2）提前还贷：在期限内，如果没有资金需求了，也可以手动操作提前还贷款，把某贷款部分或者一次还清 （3）逾期还款：当逾期后，系统会自动对账户余额发起扣款
贷款发放方式	订单贷款申请成功后，系统自动发放贷款至贷款申请人淘宝账户绑定的支付宝账号

需要注意的是，以下几种情况不能申请订单贷款。

情况1：不符合申请条件。

一方面，店铺是否符合持续经营满足两个月，店铺主年龄在18 ~ 65周岁的基本条件。另一方面，由于贷款是由系统自动审核的，系统会根据店铺的综合情况和申请者在淘宝上的整体行为来判断是否符合申请贷款的条件，例如店铺交易量、退款率、好差评、交易的稳定性、是否有被淘宝处罚等都会影响最终是否能够申请贷款成功。

如果暂时无法贷款，可能是因为店铺整体经营状况和操作使用的原因。其实各方面都是可以继续提升的。店铺可以根据上面所述提到的一些可能性进行优化，现在申请不到贷款，不代表以后都无法申请。可以再经营一段时间，等店铺的各项数据都有一定提升后再来申请会大大提升成功的可能性。

情况 2：页面显示额度为 0。

系统时刻审核店铺的经营情况，当前页面显示额度为 0，一种可能是店铺暂时没有合适的订单；另一种可能是在使用中贷款的额度已经大于或者等于店铺当前可以授信的最高额度。对于后一种情况，店铺仍然要努力经营，提升经营数据，从而提高授信额度。

情况 3：货到付款的订单。

货到付款的订单不可以申请订单贷款，因为订单贷款是为已发货但未收到货款的卖家提供的融资。

信用贷款

信用贷款根据店铺经营综合情况，由系统审核给出能否贷款的结果。此审核跟店铺各项经营数据相关，比如，店铺好评率、退款率、扣分、处罚、投诉积分。

申请淘宝信用贷款首先需要满足以下两个条件：第一，淘宝店铺最近 6 个月持续有

效经营，每个月都有有效交易量，经营情况良好；第二，店铺注册人年龄在 18 ~ 65 周岁。

信用贷款区别于订单贷款的地方在于不受当天订单限制，无须抵押担保，在授信额度内可多次支用并且是随借随还。

相比订单贷款，信用贷款会更多地参考店铺的综合数据，而订单贷款则是更倾向于考虑当前"卖家已发货"的有效订单来计算授信额度。

信用贷款主要有随借随还（3个月）、随借随还（6个月）、等额本金（12个月）三种模式，见表 3-2。

表 3-2　信用贷款的模式

项目	内容描述
随借随还（3个月）	日利率万分之六。单笔最长可使用 3 个月，按月付息，到期还本
随借随还（6个月）	日利率万分之六。单笔最长可使用 6 个月，按月付息，到期还本
等额本金（12个月）	日利率万分之五。单笔最长可使用 12 个月，每月归还 1/21 的本金及当月贷款金额所产生的利息

信用贷款的三种模式，除了贷款利息、贷款利率和还款规则不同外，其他方面的规则都相同，我们用表 3-3 介绍信用贷款的规则，见表 3-3。

表 3-3　信用贷款

项目	内容描述
贷款额度	1 元到 100 万元
提前还款	提前还款部分将不再计收利息；如果全部还款，将不再收取利息。借款当日计息，还款当日不计息 提前还款还将产生还款手续费 （1）授信期为 12 个月的信用贷款提前还款手续费：第 1 期 ~ 第 3 期（含）操作提前还贷，产生提前还款本金 2% 的费用；第 4 期 ~ 第 9 期（含）操作提前还贷，产生提前还款本金 1% 的费用 （2）授信期为 3 个月和 6 个月的信用贷款，可随借随还，提前还款无手续费

贷款额度	信用贷款的贷款金额根据店铺信用等级，综合经营情况和实力等数据由系统直接综合判定的，贷款金额范围为 1 元 ~100 万元。店铺的交易稳定性、好评率、评分、退款、淘宝投诉、处罚、出售侵权或违禁商品、是否有炒信虚假交易等，是影响是否可以申请贷款以及贷款申请额度的因素
贷款发放方式	信用贷款申请成功后，系统自动发放贷款，至贷款申请人淘宝账户绑定的支付宝账号
备注	使用了订单贷款无法同时申请 3 个月信用贷款，但 6 个月、12 个月信用贷款可以同时申请

淘宝贷款同时向淘宝店铺和天猫商城两类商铺提供贷款，分别为淘宝贷款和天猫贷款。这样，淘宝贷款就有四种贷款，见表 3-4。

表 3-4　四种贷款

方式	淘宝贷款	天猫贷款
订单贷款	淘宝订单贷款	天猫订单贷款
信用贷款	淘宝信用贷款	天猫信用贷款

聚划算专项贷款

聚划算专项贷款属于信用贷款，贷款用途限于聚划算的保证金冻结。贷款期限从放款之日起至聚划算保证金正常解冻日为止，暂不能提前还款。贷款利率为日利率为万分之五，到期一次性还本付息。

申请聚划算专项贷款需要满足以下条件：

（1）淘宝店铺经营时间满 6 个月；

（2）实守信，店铺信用记录良好；

（3）聚划算竞拍成功的商家才可申请；

（4）参团商品为虚拟类、生活服务类、生鲜类，暂无法申请聚划算专项贷款。聚划算保证金正常解冻日为贷款到期日，到期日均需要归还本息，未足额还

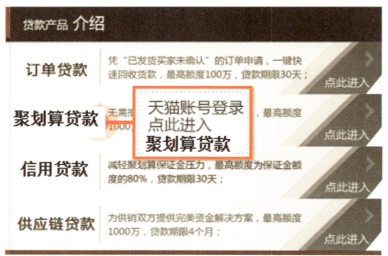

款的，贷款逾期，阿里金融收取逾期利息，逾期利率为正常利息的1.5倍。

申请人签署合同并确认放款后，贷款资金将全额发放到贷款人的参团店铺支付宝账户，并由聚划算系统自动冻结。

已经申请了淘宝信用贷款或订单贷款，还可以同时申请聚划算专项贷款。

接下来，我们将分别介绍每种贷款的特点，申请贷款者可根据自身的实际情况选择合理的贷款方式。之后会以图示形式详细讲解申请各类贷款的具体步骤，以期对打算申请贷款的小微创业者有所帮助。

如何申请淘宝订单贷款

淘宝订单贷款主要服务对象为淘宝网的卖家，只要淘宝卖家符合一定的条件，且卖家当前有符合条件的"卖家已发货"的订单，就可以申请淘宝订单贷款，申请成功的贷款将直接发放到申请人的个人支付宝账户中。

申请贷款操作步骤

（1）首先你必须是淘宝的卖家，打开淘宝首页，点击最上面一栏中的"卖家中心"，如图3-2所示。

图 3-2　点击"卖家中心"示意图

（2）进入"卖家中心"页面后，选择"我是卖家"一栏，在其下的菜单栏中选择"店铺管理"，之后再选择"淘宝贷款"，即按"我是卖家"→"店铺管理"→"淘宝贷款"的顺序，会出现如图 3-3 所示页面。

图 3-3　"淘宝贷款"示意图

点击订单贷款的"查看额度"，如图 3-3 用红色方框所标识，即可进入订单贷款页面。

（3）点击"我要贷款"，如图3-4中红色方框所表示，即可进入贷款申请环节。

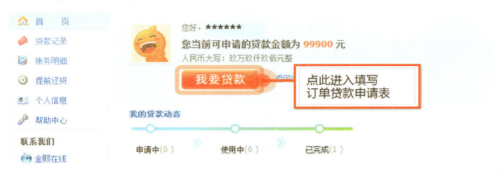

图3-4　点击"我要贷款"示意图

（4）填写贷款申请的具体步骤分为两步。

第一步：填写贷款资料。首先是确认贷款内容。在这一步，申请者可以参考页面上显示的最高贷款金额，输入自己实际需要的资金金额。

之后填写申请人信息，包括贷款申请人的个人资料和第二联系人信息，此处只需要如实填写即可，如图3-5所示。

图3-5　填写贷款信息示意图

另外，在这一步，申请者还可以根据自己的实际情况选择是否需要自动贷款。

①不勾选"自动申请贷款"：即只这一次申请。

②勾选"自动申请贷款"：即申请者选择接下来系统自动申请贷款。在接下来60天，系统每天将帮申请者申请一次贷款（以当天系统审核结果为准）。

第二步：确认贷款环节和签署合同环节。

下面以自动申请贷款为例，说明自动申请贷款的步骤。

①勾选"自动申请贷款"，并完成手机验证之后，点击"下一步"进入如图 3-6 所示的确认征信页面，再点击"下一步"即可进入确认贷款环节。

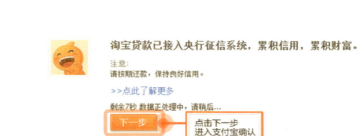

图 3-6　进入确认征信页面示意图

②勾选"我已阅读并同意接受合同"一项，并输入申请者的支付宝账号密码，最后点击"确定"即可，如图 3-7 所示。

图 3-7　签署合同示意图

③如果出现以下页面，如图3-8所示，说明你已成功完成贷款申请的整个流程。

图3-8　完成贷款申请示意图

在完成以上流程后，经淘宝贷款审核，通常该笔资金一般会在3分钟内发放到申请者的支付宝账户中。

（5）查看贷款记录需要以下几个步骤。

①回到淘宝贷款页面，点击"查看额度"，如图3-9所示。

图3-9　点击"查看额度"示意图

②点击菜单栏中的第二项"贷款记录"，如图3-10红色方框所标识的内容。

图3-10　点击"贷款记录"示意图

③在申请贷款起止时间一栏填写申请者想查看的贷款时间段，之后点击"筛选"开始进行筛选，如图3-11所示。

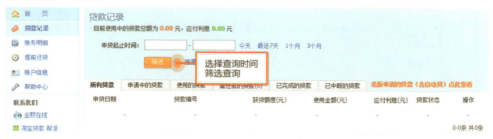

图3-11　"筛选"示意图

④此时根据申请者输入的时间区间会显示出最终的筛选结果，点击每笔贷款后的"详情"可查看还款明细等信息，如图3-12所示。

图3-12　还款明细等信息示意图

⑤详情包括贷款详情、资金状况和还款详情三项，如图3-13所示。

图3-13　详情示意图

（6）还款操作有以下几个步骤。

①回到淘宝贷款页面，点击订单贷款下的"查看额度"，如图 3-14 所示。

图 3-14　点击"查看额度"示意图

②点击菜单栏中的第四项"提前还贷"，如图 3-15 红色方框所标识的内容。

图 3-15　点击"提前还贷"示意图

③在还款金额一栏输入申请者打算还贷的金额。在这一步可分为"自定义归还贷款"和"优先归还即将到期的贷款"，淘宝贷款申请者可根据自己的实际情况选择合适的还款方式，如图 3-16 所示。

图 3-16　选择还贷款方式示意图

下面，以自定义归还贷款为例，说明还贷款的步骤。

申请人在显示的几笔贷款前的空格内勾选打算还贷的贷款，下方会自动计算出累积的需归还金额，申请人只需要在还款金额一栏输入系统计算出的还款金额，再点击"确认还贷"即可，如图 3-17 所示。

图 3-17　"确认还贷"示意图

在这一页面输入申请人的支付宝账号密码，并点击"确认"即可，如图 3-18 所示。

图 3-18　输入支付宝密码、确认示意图

如果出现以下页面就说明申请人已成功完成了提前还贷的整个流程，如图 3-19 所示，之后系统会自动从申请人的支付宝中扣掉相应金额。

图 3-19 "确认还贷"示意图

（7）贷款对账需要以下三个步骤。

①回到淘宝贷款页面，点击"查看额度"，如图 3-20 所示。

图 3-20 贷款对账"查看额度"示意图

②点击菜单栏中的"账务明细"，如图 3-21 红色方框所标识的内容。

图 3-21 点击查看"账务明细"示意图

③在起止时间一栏输入申请人想查询的贷款的时间区间，点击"筛选"即可筛选出结果，从中可以看到每一笔通过支付宝的贷款账务明细，包括交易金额、

归还本金、归还利息，等等。

如何申请淘宝信用贷款

淘宝信用贷款不需抵押，无须担保，完全凭店主信用获取贷款。店主无须提供任何抵（质）押。这里需要注意的是店主信用度为借贷信用评估，而不是淘宝交易信用。

申请信用贷款需要满足以下三个条件：

第一，淘宝店铺最近 6 个月持续有效经营，每个月都有有效交易量，经营情况良好。

第二，诚实守信，店铺信用记录良好。

第三，店铺注册人年龄在 18 ~ 65 周岁，具有完全民事行为能力。

申请淘宝信用贷款，可按以下操作步骤进行。

（1）首先打开淘宝首页，点击最上面一栏中的"卖家中心"，如图 3-22 所示。

图 3-22　点击"卖家中心"示意图

（2）进入"卖家中心"页面后，选择"我是卖家"一栏，在其下的菜单栏中选择"店铺管理"，之后再选择"淘宝贷款"，即按"我是卖家"→"店铺管理"→"淘宝贷款"的顺序，会出现如图3-23所示页面。

图3-23　进入信用贷款示意图

（3）点击订单贷款的"查看额度"，如图3-23用红色方框所标识，即可进入信用贷款页面。

点击"我要贷款"，如图3-24红色方框所表示，即可进入贷款申请环节。

图3-24　进入贷款申请环节示意图

（4）贷款申请需要以下的步骤。

第一步：填写贷款资料。

①需填写个人信息资料，第一次申请时需要将所有信息填写完成，个人信

息页面具有自动保存功能，再次申贷时无须重新填写。这部分内容包括申请贷款人的基本信息和第二联系人信息。

②填写申请贷款额度、使用期限以及申请贷款人的支付宝账号，这部分内容与上部分介绍的订单贷款有所不同。不同之处在于多了一项使用期限，但没有自动申请贷款一项。

第二步：确认贷款环节，如图3-25所示。

申贷额

申请贷款金额：	100000 元	人民币大写 拾万贰仟元整　您输入的申请金额不得超过200000元
	您实际可贷金额以淘宝贷款最终审批通过并发放至您支付宝账户的金额为准	
申请贷款期限：	六个月　（您可以随借随还）	
申贷人的支付宝账号：	ceshi@yahoo.cn	贷款资金将全额发放到该支付宝账户

申贷人的基本信息

真实姓名：	测试	
户口所在地：	广西 ▼　玉林 ▼	

图 3-25　确认贷款环节示意图

①填写完贷款信息，并完成手机验证之后，点击"下一步"进入如图3-26所示的确认征信页面，再点击"下一步"即可进入确认贷款环节。

图 3-26　确认征信示意图

②勾选左下方的"点此阅读合同"查看贷款合同，如图 3-27 所示。

淘宝贷款 信用贷款 ───

1. 填写贷款申请 ▶ 2. 确认贷款协议 ▶ 3. 获

请您先对以下信息进行确认，稍后进入贷款发放阶段！

本次贷款详细信息如下：

贷款编号： *0012**20***00***2*
贷款总额： ¥102,000.00元，拾万贰仟元整
日利率：   0.0**666*7%
贷款期限： 6个月（您可以随借随还）

还款方式：按月付息，到期还本（具体还款日期以到账后通知为准，您也可以提前还贷！）

还款日期	2012年05月11日	2012年06月11日	2012年07月11日	2012年08月11日	2012年09月11日	2012年10月11日
还款金额	1581.00元	1633.70元	1581.00元	1633.70元	1633.70元	103581.00元

合计：111644.10元

图 3-27　查看贷款合同示意图

第三步：合同签署环节。

①点击"我已阅读并接受贷款合同"，进入支付宝确认，如图 3-28 所示。

淘宝贷款 信用贷款

1. 填写贷款申请 ▶ 2. 确认贷款协议 ▶

您申请的 **102,000.00** 元贷款正在发放到您的支付宝账户！

正常情况下，资金会在3分钟内到账，请稍后查看！

贷后温馨提示：
·信用贷款还款方式为每月账期日付息，6个月到期后还本，同时您也可以根据自己的实际情况选择提前还…
·您此次的贷款记录将会被纳入央行征信体系，请您诚信借贷、按时归还，以免影响信用记录。

查看支付宝余额　返回首页　**>>【大曝光】恶意欠贷用户催收记！**　获取卖家信用证

图 3-28　签署合同示意图

②输入申请贷款人的支付宝账号密码，并点击"确认"，如图 3-29 所示。

图 3-29　确认信息、输入支付宝密码示意图

③如果出现以下页面，则说明你已成功完成淘宝信用贷款的申请，如图 3-30 所示。

图 3-30　完成信用贷款示意图

（5）查看贷款记录需要按以下步骤进行。

①回到淘宝贷款页面，点击信用贷款下的"查看额度"，如图 3-31 所示。

图 3-31　点击"查看额度"示意图

②点击右边菜单栏中的第二项"贷款记录"，如图 3-32 红色方框所标识的内容。

图 3-32 点击"贷款记录"示意图

③在申请贷款起止时间一栏填写申请贷款人想查看的贷款时间段，之后点击"筛选"开始进行筛选，如图 3-33 所示。

图 3-33 选择查询时间，"筛选"查询示意图

④此时根据申请贷款人输入的时间区间会显示出最终的筛选结果，点击每笔贷款后的"详情"可查看还款明细等信息，如图 3-34 所示。

图 3-34　查看还款明细信息示意图

⑤查看贷款信息、最新还款计划以及以往还款记录三项，这部分的内容也与订单贷款不同，如表 3-35 所示。

当前贷款状态： 使用中

贷款信息如下：

贷款编号：　2*0120*1*11*7**43**B
获贷时间：　20*1年*1月1*日
获贷金额：　3*,0**.00元
日利率：　　0.0*%
本期还款日：201*年0*月17日
本期还款金额：共计1**.60元

最新还款计划

还款日期	20**年0*月**日	201*年0*月**日
还款金额	1**.6*元	3*,6**.0*元

以往还贷记录

还款日期	201*年0*月**日	20**年**月**日	20*2年0*月1*日	201**2月1*日	20**年0*月1*日	20*1年1*月1*日
还款金额	51*.60元	6*3.80元	2*.20元	6**.00元	68*.*0元	6**.00元

图 3-35　查看贷款信息、最新还款计划及以往还贷记录示意图

（6）还款操作有以下几个步骤。

①回到淘宝贷款页面，点击信用贷款下的"查看额度"，如图 3-36 所示。

图 3-36　点击"查看额度"示意图

②点击右边菜单栏中的第四项"提前还贷"，如图 3-37 红色方框所标识的内容。

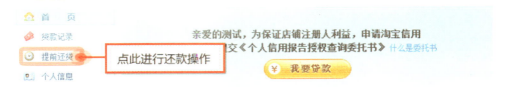

图 3-37　点击"提前还贷"示意图

③在贷款信息中勾选申请者打算偿还的贷款，下方会出现这几笔贷款的累积金额。之后，只要勾选在还贷金额的贷款编号即可，如图 3-38 所示。完成后点击"我要还贷"。

图 3-38　还款成功示意图

④输入申请者的支付宝账号密码并点击"确认"即可，如图 3-39 所示。

图 3-39 输入支付宝密码、确认示意图

⑤如果出现以下页面，则说明还款成功，如图 3-40 所示。

图 3-40 还款成功示意图

（7）对账需要以下四个步骤。

①回到淘宝贷款页面，点击信用贷款下的"查看额度"，如图 3-41 所示。

图 3-41　点击"查看额度"示意图

②点击菜单栏中的"账务明细"，如图 3-42 红色方框所标识内容。

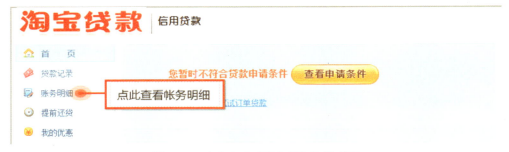

图 3-42　点击查看"账务明细"示意图

③在起止时间一栏输入申请者想查询的贷款的时间区间，点击"筛选"即可筛选出结果，如图 3-43 所示。

图 3-43　点击"筛选"示意图

④申请者可以看到每一笔通过支付宝的贷款账务明细，包括交易金额、归还本金、归还利息等，如图3-44所示。

图3-44　查看交易金额、归还本金、归还利息示意图

如何申请天猫订单贷款

天猫订单贷款是天猫贷款的产品之一，其主要服务对象为天猫卖家，只要天猫卖家符合一定的条件，且当前有符合条件的"卖家已发货"的订单，基于在途订单的金额，结合店铺运营情况，就可以申请天猫订单贷款，获得的贷款将直接发放到卖家的企业支付宝账户中。

（1）首先打开淘宝首页，点击最上面一栏中的"卖家中心"，如图3-45所示。

图3-45　点击"卖家中心"示意图

（2）进入"卖家中心"页面后，选择"我是卖家"一栏，在其下的菜单栏中选择"店铺管理"，之后再选择"淘宝贷款"，即按"我是卖家"→"店铺管理"→"淘宝贷款"的顺序，会出现如图3-46所示页面。点击"订单贷款"，即可进入贷款申请页面。

图3-46　点击"订单贷款"示意图

（3）点击"我要贷款"，如图3-47红色方框所表示，即可进入贷款申请环节。

图3-47　点击"我要贷款"示意图

（4）申请贷款分为两个步骤。

第一步，填写贷款资料。

在这一步，申请者首先要确认贷款内容，可以参考页面上显示的最高贷款金额，输入自己实际需要的资金金额。

然后填写申请人信息，包括贷款申请人的个人资料和第二联系人信息，此处只需要如实填写即可。

另外，在这一步，申请者还可以根据自己的实际情况选择是否需要自动贷款。

不勾选"自动申请贷款"：即只这一次申请。

勾选"自动申请贷款"：即申请者选择系统自动申请贷款。在接下来 60 天，系统每天将帮申请者申请一次贷款（以当天系统审核结果为准），如图 3-48 所示。

图 3-48　填写贷款资料示意图

第二步，确认贷款环节和签署合同环节。

自动申请贷款有以下三个步骤。

①勾选"自动申请贷款"，并完成手机验证之后，点击"下一步"进入如图 3-49 所示的确认征信页面，再点击"下一步"即可进入确认贷款环节。

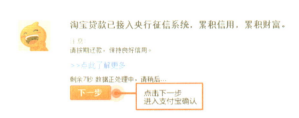

图 3-49　进入确认征信页面示意图

②勾选"我已阅读并同意接受合同"一项，并输入申请者的支付宝账号密码，最后点击"确定"即可，如图 3-50 所示。

图 3-50　签署合同示意图

③如果出现以下页面，说明申请者已成功完成贷款申请的整个流程，如图 3-51 所示。

图 3-51　完成贷款申请示意图

（5）查看贷款记录需要以下几个步骤。

①回到淘宝贷款页面，点击"订单贷款"下的"查看额度"，如图 3-52 所示。

图 3-52　"查看额度"示意图

②点击菜单栏中的"贷款记录"，如图 3-53 红色方框所标识的内容。

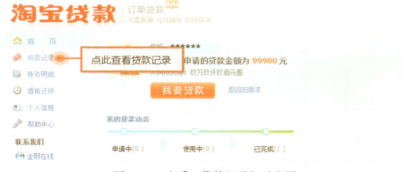

图 3-53　查看"贷款记录"示意图

③在申贷起止时间一栏填写申请者想查看的贷款时间段，之后点击"筛选"开始进行筛选，如图3-54示意图。

图3-54　"筛选"查询示意图

④此时根据申请者输入的时间区间会显示出最终的筛选结果，点击每笔贷款后的"详情"，可查看还款明细等信息，如图3-55所示。

图3-55　查看还款明细等信息示意图

⑤查看贷款信息、最新还款计划以及以往的还款记录三项，如图3-56所示。

图3-56　查看相关信息示意图

（6）还款操作有以下几个步骤。

①回到淘宝贷款页面，点击订单贷款下的"查看额度"，如图 3-57 所示。

图 3-57　点击"查看额度"示意图

②点击菜单栏中的"提前还贷"，如图 3-58 红色方框所标识的内容。

图 3-58　点击"提前还贷"示意图

③在还款金额一栏输入申请者打算还贷的金额。在这一步可分为"自定义归还贷款"和"优先归还即将到期的贷款"，天猫贷款申请者可根据自己的实际

情况选择合适的还款方式，如图 3-59 所示。

图 3-59　选择还款方式示意图

下面，以自定义归还贷款为例，说明还贷款的步骤。

申请人在显示的几笔贷款前的空格内勾选打算还贷的贷款，下方会自动计算出累积的需归还金额，申请人只需要在还款金额一栏输入系统计算出的还款金额，在点击"确认还贷"即可，如图 3-60 所示。

图 3-60　确认还款示意图

在这一页面输入申请人的支付宝账号密码，并点击"确认"即可，如图 3-61 所示。

图 3-61　输入支付宝密码、确认还款示意图

如果出现以下页面就说明申请人已成功完成了提前还贷的整个流程，如图 3-62 所示，之后系统会自动从申请人的支付宝中扣掉相应金额。

图 3-62　还贷完成示意图

（7）贷款对账需要以下四个步骤。

①回到淘宝贷款页面，点击订单贷款下的"查看额度"，如图 3-63 所示。

图 3-63　进入"订单贷款"示意图

②点击菜单栏中的"账务明细"，如图3-64红色方框所标识的内容。

图3-64 点击"账务明细"示意图

③在起止时间一栏输入申请者想查询的贷款的时间区间，点击"筛选"即可筛选出结果，如图3-65所示。

图3-65 点击"筛选"示意图

④申请者从中可以看到每一笔通过支付宝的贷款账务明细，包括交易金额、归还本金、归还利息等，如图3-66所示。

图3-66 查看交易金额、归还本金、归还利息等示意图

无线小微贷

无线小微贷是指淘宝推出的手机版贷款，便于贷款人在客户端查询自己的贷款记录。贷款人用手机可以申请贷款、查询贷款记录、还贷款。

在手机操作，先需要下载手机客户端，下载地址是：http://m.aliloan.com，然后可以进行如下操作。

（1）登入账号后页面会显示系统审核结果，选择需要申请贷款的种类，点击进入申请。

（2）核对授信额度、利率、还款规则、期限后，点击"申请贷款"，如图3-67所示。

图3-67　无线小微贷"申请贷款"示意图

（3）输入需申请贷款的金额，且获取手机验证码，如验证码获取遇到问题可直接拨打95188转2进行获取。

（4）点击"提交申请"后，页面会展示贷款合同，请详细阅读。

（5）贷款合同细则确认无误后，申请人输入支付宝支付密码并点击"签署合同"，贷款将在3分钟内自动发放。

第4章 阿里巴巴贷款
——免担保、无抵押贷款

阿里巴巴从贷款申请、贷款审查、贷款发放到贷款回收，全部采取网络线上模式操作，将电子商务行为数据更深入地应用到企业融资中。审核速度快，适合小企业。

阿里贷款产生历程

自从阿里巴巴平台推出后，无数中小企业通过其进行以 B2B 为主的电子商务交易。从这点上来说，阿里巴巴为在其上的中小企业商户拓宽了市场渠道，从而使其建立更多的客户关系，挖掘更多商机。然而即使如此，阿里巴巴所做的仍然有限。据调查显示，当时在阿里巴巴平台上的中小企业中有超过 80% 的企业有融资需求，但其中 70% 的客户因为没有抵押物和担保而无法获得贷款。

阿里巴巴推算，按照这个比例中国中小企业所需要的资金总额达到了 10 万亿元。因为是这些中小企业扎根的平台，阿里巴巴更能体会到融资对于这

些商户是何等的重要，而想要以低成本融到所需资金又是多么困难。

2007年6月，阿里巴巴正式与中国建设银行、中国工商银行确定在中小企业融资领域展开战略合作，取名为阿里贷款。在这种与银行合作的模式下，依靠阿里巴巴所积累的数据，银行可以一次建立贷前风险准入体系、贷中风险监控体系、履约激励及违约封杀机制，从而做到向平台上的中小企业会员提供无须抵押的贷款。

阿里贷款在经过两年的艰辛运作后，帮助上千家企业成功融到所需资金，据统计，其放贷总额达到26亿元。感到时机成熟，阿里贷款从阿里巴巴平台拆分出纳入阿里巴巴集团，成立单独事业部并作为战略项目独立运作负责集团旗下所有子公司平台的融资业务，至此阿里巴巴金融宣告成立。

2010年3月，浙江阿里巴巴小额贷款股份有限公司正式获批成立，融资业务牌照的获得标志着阿里巴巴金融正式开始使用自有资金运作融资业务。阿里小贷公司负责集团旗下所有平台包括阿里巴巴、淘宝网等的融资业务。

阿里信用贷款

阿里信用贷款是阿里贷款品牌下，最新推出的一款针对小微、小型企业的一款无须任何抵押、无须任何担保的纯信用贷款产品。放贷依据为会员在阿里巴巴平台上的网络数据，贷前调查团队通过视频调查得出的企业财务、非财务评价及外包实地走访信息。

阿里信用贷款具有以下特点：

无须任何抵押物，无须任何担保人；全程互联网受理；全年无歇，7×24小时放款和还款；获贷客户再次申贷可享更优利率；获贷签署贷款合同后马上放款至银行卡，无须等待额度。

阿里贷款从贷款申请、贷款审查、贷款发放到贷款回收，全部采取网络线上模式操作，将电子商务行为数据更深入地应用到企业融资中。审核速度快，尤其适合小微企业。

申请条件

（1）工商注册地：上海市、北京市、天津市、浙江省、山东省、江苏省、广东省。

（2）允许报名的组织类型：公司（企业）、个体经营户。

（3）阿里巴巴会员类型：阿里巴巴中国站会员（曾经是阿里巴巴诚信通会员）或中国供应站会员，具有一定的操作记录。

（4）工商注册即从业年限：有工商经营执照且注册满 1 年（以营业执照注册时间为准）。

（5）其他条件：

①申请人为企业法定代表人或个体工商户负责人，年龄在 18 ~ 65 周岁（以申请日为准）。

②申请人需为中国大陆居民（以申请日为准）。

③近连续 12 个月总销售额不小于 100 万元。阿里贷款简介见表 4-1。

表 4-1　阿里贷款简介

项目	内　容
贷款额度	2 万 ~ 100 万元
贷款期限	12 个月
贷款方式	阿里巴巴自主审核并发放
贷款利率／计息方式	借款人签署合同即全额放款，一般按照等额本息方式还款，期限 12 个月
	提前还款收取本金部分 3% 的提前还款手续费
	每月固定还款，类似银行按揭，利于资金安排管理，适用于企业正常经营的资金需求
放款方式	审批通过，签署合同后，获贷金额会全额放贷到绑定的银行卡。到账后开始算利息

如何申请阿里贷款

阿里信用贷款的流程，如图4-1所示。

图4-1　阿里信用贷款流程示意图

1. 注册出成为阿里巴巴会员

在进行阿里信用贷款前，你需要拥有一个阿里巴巴的账户。如果你已经是阿里巴巴的会员了，那么这部分就可以直接跳过。接下来，将结合图示详细解释如何注册一个阿里巴巴平台的账号。

（1）首先进入阿里巴巴平台首页，点击"免费注册"，如图4-2所示。

图4-2　登录阿里巴巴网站

（2）为自己设置会员名以及密码，如图4-3所示。

图 4-3　设置会员名和密码示意图

（3）输入手机号码验证。在图 4-4 中所示方框内输入手机号码后，手机上会收到验证码，输入验证码之后再点击"同意条款并注册"。

（4）如果出现以下的页面则说明已注册成功，如图 4-5 所示。

图 4-4　输入手机验证码及注册示意图

　恭喜您已经成功开通阿里巴巴站）服务！

此企业账号可同时登录淘宝网、天猫、一淘网、阿里旺旺

为了让您获得更精准的服务和商业机会，我们建议您立即完善以下信息

基本信息

* 您的姓名　　◉ 先生　○ 女士

图 4-5　注册成功示意图

完成注册后，需要记住自己的用户名和密码，之后在阿里巴巴平台上进行包括贷款在内的业务，需要先登录。

2. 登录阿里巴巴

（1）打开阿里巴巴的首页，之后点击最上面一栏里的"登录"，如图4-6所示。

图4-6　登录阿里巴巴

（2）输入之前已注册好的账号及密码。

（3）进一步完善自己的信息，包括以下几项内容，如图4-7所示。

图4-7　完善信息、确认提交示意图

如果此时还不想完善，可点击"下次再说"跳过此环节，留待下一次完成，如图4-8所示。

图4-8　暂不填写信息示意图

通过前两部分的示范你就可以掌握如何注册以及如何登录了，那么，接下来我们将进入本章的主要内容，即如何利用阿里巴巴平台进行贷款。

3.填写贷款申请表

（1）填写贷款申请表，需要先进入阿里贷款首页。

进入方法一：先进入阿里巴巴首页，登录之后再点击常用工具中的"阿里贷款"（红色圈）也能进入阿里贷款首页，如图4-9所示。

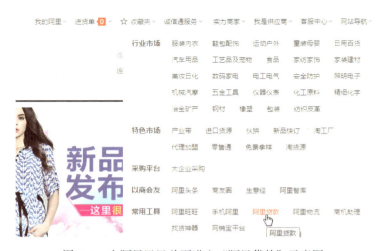

图4-9　在阿里巴巴首页进入"阿里贷款"示意图

进入方法二：在地址栏中输入网址：dk.1688.com 进入阿里贷款首页，如图 4-10 所示。

图 4-10　在阿里巴巴首页进入"阿里贷款"示意图

（2）选择会员类型（如中文站会员），点击进入如图 4-11 所示页面，输入账号和密码。

图 4-11　输入账号和密码示意图

（3）登录之后，即进入申请表页面，如图 4-12 所示。

图 4-12　输入账号和密码示意图

这里主要填写以下两部分内容：

①贷款需求信息填写。申请额度需要填写 2 万元 ~ 100 万元之间的数字。

②法人信息。这个模块只需要按照申请表表格逐个按实际情况填写即可，表格中的每个字段都需要填写。

全部填写完成之后，点击"立即申请"确认提交贷款，若出现图 4-13 所示页面就说明申请成功。

图 4-13　贷款成功示意图

（4）至此贷款申请表填写环节就完成了，申请成功后，后期就会有申贷经理联系你。

4.补充贷款材料

贷款资料是贷款审批的依据之一，它决定小微创业者最终能否获贷、能够获得的贷款额度以及贷款的利率。阿里巴巴根据提供的资料来掌握企业历史与当前的经营状况情况，据此做出贷款判断，因此资料提供得越详细越有助于贷款的审批。

贷款申请人需要寄送的材料有以下几种。

（1）身份证。贷款申请人提供法定代表人及配偶、实际控制人及配偶身份证复印件；二代身份证必须复印正反面，需在有效期内；法定代表人身份证最好提供彩色照片，其他可提供复印件。

（2）结婚证明文件。贷款申请人需要提供法定代表人、实际控制人的婚姻证明文件复印件，已婚需要提供结婚证，其他婚姻状况需要提供相关证明；单身不需要提供单身证明。

（3）银行对账单。贷款申请人提供最近6个月企业销售收入的银行对账单，并尽量提供所有银行对账单，这对顺利获贷有利。

户名、账户、明细必须清晰，对公、对私均可。贷款申请人应优先提供主要账户，通常阿里巴巴倾向于采信法人夫妇及实际控制人夫妇的私人账户。

可采信的方式：银行打印或者网银截图。如果是银行柜台打印：需加盖银行业务公章，可原件快递，或彩色拍照（彩色扫描）发给对应金融顾问；如果是网银截图：下载excel表格＋每个月月末截图，发给对应金融顾问。

银行打印范本见表4-2。

表 4-2　银行卡客户交易查询／打印

卡号：×××××××××××××××××××　客户名称：×××××××

起始日期：20120404　　　　　　终止日期：20130404

卡号	摘要	交易金额	账户金额	交易日期	记账日期	商户/网点号及名称
445	转账支取	—21,800.00	2,1C0.00	2012/5/15	2012/5/15	436752374 中国建设银行银行唐山古
445	ATM 取款	—200.00	1,900.00	2012/5/16	2012/5/15	436752374 中国建设银行银行唐山古
445	ATM 取款	—1,900.00		2012/5/17	2012/5/15	436752374 中国建设银行银行唐山古
445	现金存款	60,008.00	69,008.00	2012/5/17	2012/5/15	442067295 邯郸住房城建支行
445	转账支取	—12,900.00	56,108.00	2012/5/20	2012/5/15	436752334 冀州第三储蓄所
445	转账存入	1,800.00	57,908.00	2012/5/20	2012/5/15	436752374 中国建设银行银行唐山古
445	现金存款	51.00	57,962.00	2012/5/20	2012/5/15	440267295 邯郸住房城建支行

网银截图范本如图 4-14 所示。

图 4-14　网银截图范本

（4）贷款申请人提供《个人信用报告授权查询委托书》。法定代表人及配偶、实际控制人及其配偶需要各填一份。

范本如图 4-15 所示。

（5）制造型企业需提供电费单据，贸易型则不需要。提供近 3 个月企业交纳电费的凭证，单据上需要有公司名或法人或实际控制人的名称。如企业是租赁的，无法提供电费单据，可提供租赁合同复印件和房东开的电费收据。

个人信用报告授权查询委托书

兹授权　　　　　　　前往人民银行查询我的个人信用报告壹次。本授权委托书有效期截至　　年　　月　　日。

特此委托。

委托人（签字）：　　　　代理人（签字）：

委托人身份证号：　　　　代理人身份证号：

　　年　月　日　　　　年　月　日

说明：

1. 个人代理查询的需出示委托人和代理人有效身份证件原件，并提供委托人和代理人有效身份证件复印件各一份。

2. 单位代理查询的需开具单位介绍信，同时在"代理人签字"处加盖单位公章。

3. 签字需本人亲笔手写，不得以手章代替。

图 4-15　个人信用报告授权查询委托书

5. 外访调查

外访调查，又称现场信贷调查，是阿里金融授权并委托第三方专业机构派外访专员直接上门拜访企业的实际经营场所，当面与业主沟通从而了解企业的经营现状，同时对贷款所需的资料进行拍照收集。现场调查方式主要包括现场会谈和实地考察。

现场信贷调查开始前，为减少等待时间以及不必要的二次现场征信，申请者可以在外访专员到达现场前提前准备好申请资料。

6. 签署贷款合同

贷款申请的审批通过之后，就开始进入合同签署等相关流程。合同的签署需要绑定法人个人银行卡、支付宝等流程，下面我们就将介绍具体的操作步骤。

这里需要明确的是，个人银行卡是用来接收贷款的，而支付宝则是用来支付还款的。

（1）绑定银行卡。在绑定银行卡一栏选定添加，将法人个人的借记卡绑定，如图4-16所示。

目前阿里信用贷款提供的可绑定的银行包括招商银行、中国工商银行、中国建设银行、中国农业银行、交

图4-16　绑定银行卡示意图

通银行、广东发展银行、民生银行、兴业银行、上海浦东发展银行、深圳发展银行。

这里需要注意的是，绑定的银行卡并不一定要求开通网上银行功能，只要填写的身份证信息和银行开户名是一个人，即可申请认证。不过建议申请者开通网上银行，这样对于之后的查询打款金额比较方便。

（2）绑定支付宝。

输入支付宝账号，并通过手机验证码验证即可绑定成功，如图 4-17 所示。

图 4-17　绑定银行卡示意图

（3）绑定支付宝完成后，点击确定进入支用页面，如图 4-18 所示。

图 4-18　支付页面示意图

（4）点击"查看虚拟还款计划"，可查看还款计划，如图 4-19 所示。

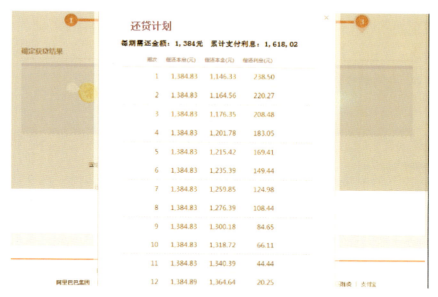

图4-19　查看还款计划示意图

（5）签署合同。

点击上图最下面的"立即支取"则可进入签署合同页面，确认金额、利息及授信期后，再点击"同意以上协议并绑定"就完成了合同签署，如图4-20所示。

图4-20　签署合同示意图

页面如果提示合同签署成功，以后就可以通过查看贷款管理页面来管理自己的贷款。

（6）支用贷款。

进入阿里巴巴金融首页，点击"立即支用"，如图 4-21 所示。

图 4-21　"立即支用"示意图

输入支用金额，确认后，点击"确认支用金额"即可，如图 4-22 所示。

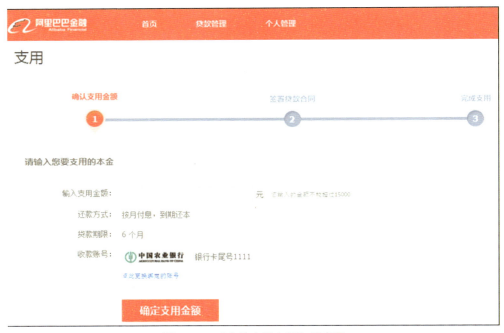

图 4-22　"确认支用金额"示意图

需要注意的是，授信期最后一天不可以支用。

7.还款

在每个月还款日需要保证绑定的支付宝账户上有足够的余额，平台会自动扣取进行还款。

（1）还款日期。阿里金融平台会在每个月还款日之前提前 5 天短信及邮件通知，还款日前一天也会通知，另外你也可以进入你的贷款后台，即"获贷管理"，查看每一笔的还款日期及还款计划。

（2）还款金额。在阿里贷款首页，登录"我的贷款"，查看"获贷管理"中的"还款计划"，上面会显示每一个还款日对应的还款金额。

举个例子，如果你支用了 1000 元，在 2 月 21 日到账，系统会自动生成一笔对应的支用记录。如果你的还款方式是等额本息，那么之后每个月的 21 日则要归还 1000 元产生的利息和一部分本金。每次具体还多少钱，系统会自动算好。

（3）提前还款。①在阿里贷款页面点击"贷款管理"，进入贷款管理页面，如图 4-23 所示。

图 4-23 进入贷款管理页面示意图

②选择"提前还款"一栏，按照所指示的步骤进行即可，如图4-24所示。这里需要注意的是确保支付宝有足够的钱用来支付还款。这就是为什么既需要绑定一个银行卡账号，同时也需要绑定一个支付宝账号。一句话总结，即是银行卡账号是用来接收贷款，而支付宝是用来还款。

图4-24　提前还款示意图

支付宝的使用

支付宝非常重要，无论是申请阿里贷款，还是申请淘宝贷款，都要用到支付宝，如果把阿里和淘宝比作银行的话，支付宝相当于"银行卡"，用来存钱、付款、支取钱。在这里把存钱称为充值，支取钱成为取现。

注册支付宝账号

注册支付宝账户有两种方式，一种是用手机号码注册，另一种是用电子邮箱注册。下面将分别介绍两种方法。

1.用手机号码注册

（1）输入网址www.alipay.com，打开支付宝首页，下载后点击"账户激活"，如图4-25所示。

图 4-25　用手机号码激活支付宝示意图

（2）输入手机号码的账户名和校验码。

（3）点击确认之后，会进入下面的页面，同时支付宝会向你的手机发送验证码。在校验码右边的框内输入手机收到的验证码，再点击"确定"，如图 4-26所示。

图 4-26　输入校验码立即校验示意图

（4）在下面的页面填写你的账户信息，即可注册你的支付宝账号，如图 4-27所示。

图 4-27　填写账户信息示意图

（5）基本信息设置成功后，出现如下页面表示已经注册成功，点击"进入我的支付宝"，即可立即进入刚刚注册的支付宝账户，如图 4-28 所示。

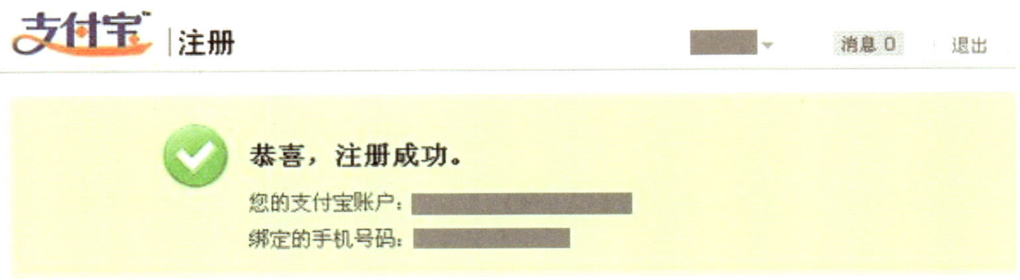

图 4-28　支付宝注册成功示意图

2.用电子邮箱注册支付宝

（1）打开 www.alipay.com，点击"免费注册"，如图 4-29 所示。

（2）先输入电子邮箱，由系统生成校验码，将其填入校验码右边的框内，

图 4-29　点击"免费注册"示意图

若看不清可换一张，然后点击"确认"，如图 4-30 所示。

图 4-30　输入电子邮箱及校验码示意图

（3）进入邮箱查收支付宝发的邮件，点击"激活我的支付宝账户"按钮，如图 4-31 所示。

图 4-31 　"激活我的支付宝账户"示意图

（4）填写账户信息，即可激活支付宝账户，如图 4-32 所示。

图 4-32 　填写账号信息示意图

（5）基本信息设置成功后，出现如下页面，表示已经激活，注册成功，点击"进入我的支付宝"即可，如图4-33所示。

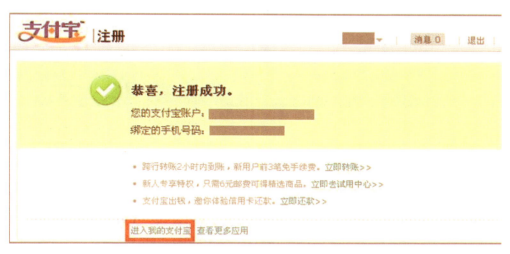

图4-33　支付宝注册成功示意图

支付宝充值

（1）进入支付宝的首页：www.alipay.com，点击"登录"，如图4-34所示。

图4-34　进入支付宝首页示意图

（2）登录之后，在中间找到"充值"并点击，如图4-35所示。

图4-35　点击"充值"示意图

（3）选择"银行卡"一项（这里默认的是用网银），然后选择有网银的银行，最后点击"下一步"。需要说明的是不一定用该支付宝账户本人的网银，可以用其他人的网银进行充值，如图4-36所示。

图4-36　网银充值示意图

（4）只要输入要充值的金额，点击"登录到网上银行充值"，接下去就直接去网上银行操作即可完成为支付宝充值。

贷款常见问题解读

（1）个人信用记录对在阿里申请贷款是否有影响？

对于在银行申请贷款，个人信用记录非常重要。个人信用记录被纳入银行征信系统，用来作为是否授信的重要依据。如果个人的历史信用有不良记录，将会对个人贷款造成很大的影响，但对于通过阿里金融进行贷款的人来说，没有过多依赖这种被银行广泛采纳的个人信用记录，可以说是小微创业者的福音。

阿里金融并未提及个人信用的重要性，意味着个人信贷对能否成功申请阿里贷款并没有关键性影响。其原因在于阿里自身的大数据平台。也就是说，阿里实际上也依赖个人的信用情况，但其依据的是在阿里平台上所积累的小微企业的数据。所以若是个人非故意造成银行征信系统中有不良记录，也不会对个人在阿里金融平台上成功贷款有直接影响。

（2）阿里信用贷款是个人贷款还是企业贷款？

阿里信用贷款是个人贷款，但是由于贷款的目的是用于企业的经营使用，所以阿里需要考察企业的经营状况。贷款是放到法定代表人

的个人账户，但只有企业法定代表人才能有资格对企业用的贷款有决定支配权，所以贷款的申请人必须是法定代表人。

（3）多长时间可以拿到贷款？

一般10个工作日可以完成审核。如果提供的资料及时充分，速度也会快一些。

（4）阿里信用贷款对于企业注册资本的要求是什么？

阿里贷款对企业注册资本是没有规定的，主要是考察企业的实际经营状况，这也正是许多小微企业选择阿里贷款的重要原因。

（5）其他银行已有贷款，是否还可以申请阿里信用贷款？

阿里金融目前在这方面没有限制，因此原则上可以申请，但会被作为一项审核的内容来考虑，从而会影响到最终是否能成功申请。

第5章 互联网众筹
——新品预发聚集人气

众筹无疑是非常适合于初期创业者的，给创业者提供试水的机会，帮助他们不断修正产品策略、市场策略，积累第一批种子用户，还能帮助创业团队对接多重销售渠道，让团队创新产品在第一时间面市。

什么是众筹

时下众筹成了一个网络热词，电影众筹、图书众筹、创业众筹，似乎只要你能想到的点子，都可以众筹。在众筹的这股大浪潮中，淘宝网也适时推出了一个"众筹"栏目，将众筹推向了更火爆的边缘。

那么到底什么是众筹？众筹能为你的创业融资做些什么？首先让我们来看看各种百科是如何对其进行定义的。根据百度百科的解释，众筹，是译自英文的一个词，即大众筹资或群众筹资，香港译作"群众集资"，台湾译作"群众募资"。由发起人和投资人、平台构成，并具有低门槛、多样性、依靠大众力量、注重创意的特征。

互动百科又将其解释为大众筹资或群

089

众筹资，并进一步定义为用团购 + 预购的形式，向网友募集项目资金的模式。

淘宝众筹栏目对众筹的解释为：是指用团购 + 预购的形式，向网友募集项目资金的模式。众筹利用互联网和 SNS 传播的特性，让许多有梦想的人可以向公众展示自己的创意，发起项目争取别人的关注与支持，进而获得所需要的资金援助，支持者则会获得实物、服务等不同形式的回报。

无论是哪种解释，我们都能够了解到，众筹是一种融资形式，但有别于其他融资方式的一些特性，让众筹在融资领域显得非常有特色。

（1）众筹资金的供给方很多时候可以是任何人（某些情况下可能会对投资者设定一定的门槛），而且数额不限。

（2）资金的投向可以是公司，也可以是某个项目，甚至是某次活动，比如《小时代 3》，就是在其电影首映前先为试映或者叫内测，向那些想先睹为快的观众发起的众筹。

众筹与众不同之处在于其提供给投资者参与其中的方式。很多时候，当一个筹资项目被展示出来时，你就会发现，有时它仅仅是一个有趣的点子，距离它最终成为一个产品还有很长的路要走。

正是在这个过程中，你有机会见证它是如何一步步成熟起来的，由一个创意的种子经历萌芽、成形并最终结出成果。

通过了解项目每阶段的进展，以及与项目发起人的沟通，投资者可以全程参与到产品或服务的开发中来，并贡献自己的想法。因为众筹并不是慈善，因此对于每一个投资者来说，回报也是其有权利期待得到的。但是，其回报多种多样的回报方式可能是你想象不到的。

用一句时髦的话讲，众筹属于新型运动"预消费"中的一环，"预消费"已经成为最新的一种潮流，在当下的期望经济中，消费者想要最好的，并希望能够参与到产品的设计和发行的过程中，而众筹提供了这样一种方式。

众筹无疑是非常适合于初期创业者的，给创业者提供试水的机会，帮助他们不断修正产品策略、市场策略，积累第一批种子用户，还能帮助创业团队对接多重销售渠道，让团队创新产品在第一时间面市。目前越来越多的初创企业已经将众筹看作企业发展过程中的一个标准配置。

众筹的四种模式

目前众筹的模式可分为预售式众筹、捐赠式众筹、股权式众筹和债权式众筹四类，见表 5–1。

表 5–1　众筹的模式分四类

众筹模式	网 站 名 称
预售式众筹	淘宝网的众筹，点名时间，追梦网，众筹网
捐赠式众筹	微公益，腾讯公益
债权式众筹	拍拍贷，人人贷，宜信 P2P
股权式众筹	天使汇，大家投，原始股

预售式众筹

目前在国内，应用较多的就是预售式众筹。企业在产品设计之初，就在众筹平台上预售，既为产品宣传造势、预热人气，又可融到一部分资金，可谓两全其美。

预售式众筹平台以回馈给投资者产品或服务作为回报。这个也是预消费的最好代表，项目在没有完全开始甚至只是一个想法的情况下即开始筹资。

创业者起初只有一个产品的想法，而将产品实现的资金则来源于最终购买产品的人，相当于投资人在产品和服务还没有被生产出来前就直接预订这些产品和服务，从而缩短了资金链。

全球闻名的 Kickstarter（美国网站）即是这类中的佼佼者，而在中国最为人

091

所知的是一家叫作点名时间的众筹网站。这是一家专门进行智能硬件众筹的专业平台，如果你打算创业的项目是与智能硬件开发有关的，那么这家在业界已建立口碑的平台便不可错过。

淘宝也推出了众筹栏目，火爆的众筹金额，几乎让人产生错觉，产品只要上放在众筹网上预销，就会有数之不尽的订单。

根据淘宝的官方数据显示，淘宝众筹自2014年4月正式上线至2014年10月，已累计筹款约4392万元（人民币，下同），上线超过500个项目，单项支持人数6.3万，就在2014年10月23日凌晨，一款名为"Yolanda蓝色妖姬版"的智能脂肪秤一举打破了之前"多功能净化器"212.6万元的单项筹资纪录，在项目发起的一个月时间里，凭借总金额233.76万元刷新了淘宝众筹单项筹款纪录。

捐赠式众筹

捐赠式众筹基于公益和慈善筹资，无论是发起人还是投资者都不以营利为目的。这一类平台在美国、英国、日本等发达国家有一定的发展。

捐赠式众筹在美国发展得尤其成熟，这也与美国税收政策和公益性的文化背景相关。在中国这类型的平台比较少见，受制于政策法规的不完善以及项目审核透明度等因素而发展不起来，但仍旧有一些在这种不利的背景下努力尝试，比如微公益、腾讯公益。

如果你有一个好的公益或慈善项目，可以在这些平台上展示，并与平台合作找到一种最佳的方式，最终为你的项目找到志同道合者。

债权式众筹

目前互联网上的 P2P 公司就属于债权式的众筹平台。P2P，是 P2P 金融的简称，又称 P2P 信贷，个人与个人间的小额借贷交易，一般需要借助电子商务专业网络平台帮助借贷双方确立借贷关系并完成相关交易手续（百度百科）。这类融资协议的特点是保本、保收益，由平台返还本金和利息。

在中国，成熟的 P2P 平台有很多，例如人人贷、宜信等。宜信的模式是由自己作为最大债权人将资金出借给借款人，然后获取债权对其分割，通过债权转让形式将债权转移给其他投资人，获得借贷资金。

股权式众筹

股权式众筹，顾名思义即，给予投资人股份。清科研究中心近日联合众筹网发布行业首份月报显示，2014 年 5 月，国内股权众筹募资额达到

1112 万元，高于奖励类众筹 940.67 万元募资额。

融资前指导，实现融资，宣传推广，后续融资是这类众筹网站承诺为在其平台上的创业者提供的服务。

利用众筹平台预热产品

创业项目是关键

在筹资之前，你得有一个足够有吸引力的点子，或者换种方式说，你能提供给投资者，即未来的消费者足够有吸引力的回报。

在这点上，你需要做到诚实，而不能肆意夸大提供的回报或是不负责任地许下看似美好但却无法兑现的承诺。

尽量用通俗易懂的语言告诉你的潜在受众，你将要做的事以及它的独特之处，如果这样的提示太虚的话，不妨去那些众筹网站上，看看别人是如何用自己的创意打动投资者的心的。

在合适的众筹平台发布项目

不同的众筹网站即代表着其不同的投资者，在诸多众筹平台上寻找一个适合你的平台，发布你的项目。发布项目的过程相对而言比较简单。

例如，在淘宝网的众筹上发布项目，只需要以下几步，如图 5-1 所示。

发起人创建项目 → 项目获得支持 → 发起人发放回报 → 用户收到回报

图 5-1　在淘宝网众筹平台上发布项目的步骤

出彩的项目描述

确定了众筹的模式和你将要进行活动的平台后，下一个问题就是确定你对于这次众筹融资的计划，包括项目说明、设定筹资额度，投资者的预期回报，以及活动的截止日期。

项目说明至关重要，它能起到决定性作用。项目说明主要从自我介绍、我想要做什么、为什么需要您的资金支持和我的承诺与回报四方面进行介绍，见表 5-2。

表 5-2　项目说明

介绍项目	内 容 描 述
自我介绍	向支持者介绍一下自己，以及你与所发起的项目之间的背景。这样有助于拉近你与支持者之间的距离
我想要做什么	以图文并茂的方式简洁生动地说明你的项目，让大家一目了然，这是决定用户是否继续浏览你的项目的关键因素

介绍项目	内 容 描 述
为什么需要您的资金支持	阐述项目特色、资金用途以及大家支持你的理由。这会让更多人关注并支持你
我的承诺与回报	让大家感到你对待项目的态度，激励你将项目取得成功。同时，向大家展示你为支持者准备的回报，以吸引更多的人关注和支持你的项目

除了详细的项目内容说明外，还要将以下细节内容推敲到位，从而增加项目的成功概率。

（1）设定合理的目标金额、筹资期限。

（2）拍摄一个吸引人的视频，充分表达你的热情，感染支持者。

对于初试互联网众筹的创业者来说，刚开始会有些困难，毕竟他更熟悉自己而非市场对此的反应。这时不妨与平台多多交流，从那里获取一些以往的经验和市场信息。

活动之后：回报支持者

对众筹参与者进行回报，在规定的期限内对当初允诺的对于不同额度支持者给予回报，感谢投资者的参与。这不仅是对他们的努力表示尊重和感谢，也是你之前郑重许下的诺言，况且还有什么比除了守信之外，与支持你的人分享成功更令人惬意的呢！

这样做的另一个意义是，如果你的项目并没有如期开展，你也要及时让投资者知情。如果不能如期发奖金，要知会他们。人们的习惯做法向来是报喜不报忧，在很大程度上是碍于自尊心，不愿看到他人失望的表情。但是，

第5章　互联网众筹——新品预发聚集人气

创业者需要对投资他的人有信心，所有的投资在一开始不必然一定有回报，因为未知性太大。这一点人们都有共识。投资者不会因为最终失败而故意非难创业者，相反，坦率地承认失败并努力吸取教训会被认为是勇敢者的表现。

推广众筹项目

与平台建立联盟

如何与平台建立牢固的联盟，并在之后筹资的一系列相关活动中保证能得到持续的帮助，需要创业者配合众筹平台做许多细致的工作。

比如，提前准备好个人以及团队资料，配合平台对于团队的线下考察、电话问询等，共同确保个人信息的真实以及创业项目的可行。

微信朋友圈里传播

微信朋友圈是最好的传播途径，如图5-2所示。

朋友以及你家人永远是你可以依靠的力量源泉，亲友们很愿意在你需要的时候帮你一把，这是一种对你关心与支持的表现，他们真心希望看到你获得成功。

如果想在微信营销上有所作为，你最好还是针对项目申请公众号，在这个公众号上专注经营。

还有一点需要记住，融资的结束并不意味着经营活动的结束。你以后也许还有其他的众

图5-2　微信朋友圈

筹项目需要开展，所以保持社交媒体的持久影响力很重要。

在社交网站推广宣传

目前的中国，微博、微信、QQ 是社交平台的代表，基本能覆盖到所有的互联网受众。

千万不要等到活动开始时才开始考虑是否要使用微博、微信或是 QQ 来进行前期的宣传推广。

你至少要在这些最有人气的社交平台上做大规模的众筹宣传，并提前进行经营。如果你希望众筹但又没有经营这些平台，则意味着你还没有准备好，这时就需要推迟你的众筹计划，直到你在社交平台上上有一定的影响力。

所有看到你的项目的人都将是你的潜在投资者和潜在投资者的介绍者，我们已经不止一次看到社交平台的影响力。但是，若你和你的想法都不为人了解，那么接下来的一切都是奢谈。

在这个信息碎片化的背景下，社交平台的受众分配给每个信息源的时间和精力也是碎片化的，你要思考的就是如何在短暂的时间里捕捉到读者的注意力。你还记得那个著名的 15 秒定律吗？现在就是检验你是否真正懂得运用它的魔力的时刻了。

如何使用互联网营销，或者社会化平台营销，有很多的网站会提供这方面的专业培训，认真学习一定会让你对社交平台营销有新的认识。

第 2 篇
金融融资

　　金融融资主要是指大众所熟知的银行贷款，很多小微创业者认为银行贷款高大上，对草根不欢迎，其实是对银行贷款了解不多。在银行贷款品种中，有微贷款、无抵押小额贷款和创业贷款，都非常适合小微创业者。

第 6 章　银行贷款
——抵押贷款、质押贷款

　　银行提供的贷款并不是只有一个期限，不同的贷款期限利率也不尽相同。同样是贷款，选择贷款档次期限越长的利率就会越高。也就是说，选择贷款档次期限无论长短，即使是同一天还贷款利息也不相同。

创业者常用的贷款种类

　　目前比较常见的银行贷款方式有以下几种：抵押贷款、质押贷款、创业贷款和个人信用贷款。

抵押贷款

　　抵押贷款是最常用的贷款方式。抵押贷款是指银行以借款人或第三人的财产作为抵押物而发放的贷款。抵押品通常包括有价证券、国债券、各种股票、房地产，以及货物的提单、栈单或其他各种证明物品所有权的单据。贷款到期，借款者必须如数归还，否则银行有权处理抵押品。

例如，你需要买套房子作为办公室，通过办理抵押贷款，这套房子你可以买来办公，但是房子抵押给银行，也就是说房子产权证明已经提交给银行了，你只是在规定还贷款的时间内能够拥有房子的使用权，只有还清贷款后，才拥有房子的产权。

目前，银行对外办理的许多个人贷款，对于抵押贷款的金额，银行在多数情况下有相应的规定，一般不超过抵押物评估价的70%，贷款最高限额为30万元，贷款期限最长不超过5年。

质押贷款

质押贷款是指银行以借款人或第三人的动产或权利为质押物发放的贷款，可作为质押的质物包括：储蓄存单、国库券（国家有特殊规定的除外），国家重点建设债券、金融债券、AAA级企业债券等有价证券。

例如，以储蓄存单质押为例说明质押贷款，它是借贷人以储蓄存单作为质押物，从银行取得一定金额贷款，并按期归还贷款本息的一种信用业务。

储蓄存单质押贷款的起点一般为5000元，每笔贷款不超过质押面额的80%。在一般情况下，到银行网点当天即可取得贷款。除此之外，以国库券、人寿保险保单等也可以轻松地在银行得到贷款。

当然，如果征得亲朋的书面同意，并同时出示本人和亲朋的有效身份证件，还可以用亲朋的存单、凭证式国债和人寿保险单办理质押贷款。

个人信用贷款

假如既没有存单，也没有抵押物，还可以凭个人信用申请贷款，即个人信用贷款。什么是个人信用贷款呢？顾名思义，个人信用贷款就是要求个人信用状况良好，并以此为担保向银行申请贷款。这是目前比较流行的一种贷款方式。

那么申请此类贷款需要什么条件呢？通常情况下，贷款人要拿着二代身份证、一份拥有稳定工作的证明、合法收入证明，并且告诉银行贷到这些钱后会拿去干什么。

想要拿到这笔贷款，就要求贷款申请人有稳定的收入，平均算下来，每个月的收入不能少于4000元。假如经过银行审核，批准了贷款请求，那么就能拿到大概相当于月收入5~8倍的贷款。

各大商业银行发放个人小额短期信用贷款，但多是银行为解决贷款申请人临时性的消费需要发放的，金额一般在2万元以内，期限不超过一年。

在要办理贷款前，贷款申请人首先要看看自己符不符合金融机构的贷款条件，也就是具备不具备贷款资格。

一般来说，银行贷款都存在着一定的风险，贷款申请人具有按期还贷能力对于银行放贷来说是最重要的审批条件。

因而，拥有连续性工资收入的人申请贷款要容易一些，银行可以以其每月工资收入作为贷款金额的基本判断依据提供贷款。

比如，即使你没有存单、国债，也没有保单，但你的妻子或父母有一份稳定的收入，那么这也能成为绝好的信贷资源。当前银行对高收入阶层比较青睐，把属于这个阶层的人员列为信用可靠的对象，这些行业的从业人员只需找一两个同事担保，就可以在中国工商银行、中国建设银行等金融机构获得 10 万元左右的保证贷款。

保证贷款是按《中华人民共和国担保法》规定的方式，以第三人承诺在借款人不能偿还贷款时，按约定承担一般保证责任或连带责任而发放的贷款。这种贷款不用办理任何抵押、评估手续。如果你有这样的亲属，可以以他的名义办理贷款，在准备好各种材料的情况下，当天即能获得创业资金，贷款速度非常之快。

创业贷款

创业贷款是指具有一定生产经营能力或已经从事生产经营的个人，因创业或再创业提出资金需求申请，经银行认可有效担保后而发放的一种专项贷款。

办理银行贷款的流程

如果具备了银行规定的贷款条件，就可以办理个人贷款。那么，办理贷款时一般都要经过哪些步骤呢？

提出贷款申请，准备申请材料

当需要银行贷款的时候，贷款申请人首先要向银行或者代办机构提交一份《贷款申请书》，并且认真填写各项内容。

申请书的内容至少包括贷款

客户经理

金额、贷款用途、偿还能力及还款方式，同时银行一般还会要求贷款申请人准备好一些特定材料。

如果有抵押物的话，因为可供抵押的物品还是不少的，可以是动产、不动产抵押，定期银行存单质押、有价证券质押，以及流通性较强的动产质押，等等。

同时，要提交涉及抵押品或质押品的权属凭证和清单，银行认可的评估部门出具的抵押物估价报告。抵押物、质物清单和有处分权人的同意抵押、质押的证明及保证人拟同意保证的有关证明文件。

贷款需要携带贷款申请人本人身份证明、婚姻状况证明、个人或家庭收入及财产状况等还款能力证明文件，以及贷款用途，并提供相关协议、合同。

如果不是初创企业，而是已经正常经营了一段时期，还要拿出财务部门或会计师事务所核准的上年度财务报告，以及申请贷款前一期财务报告。

银行是否发放贷款还会考虑可行性，所以，贷款申请人要向银行提供一份项目建议书和可行性报告，有关人员在对申请项目论证后，对符合要求的，在《贷款申请书》的推荐意见栏签署推荐意见。

之后，贷款申请人到户籍所在地街道就业服务机构取得身份确认并在《贷款申请书》的身份确认栏签章。

此外，固定资金贷款要在申请时附可行性研究报告、技术改造方案或经批准的计划任务书、初步设计和总概算。

银行审批

银行在拿到的《贷款申请书》后，首先要确认是否有立项价值。这个是银行审批程序的第一阶段，主要工作是确认审查目的、选定主要考察事项、制订并开始实施审查计划。

如果你的信用程度良好，那么银行可能比较容易贷款给你，因为这也在一定程度上保证了资金安全，所以首先要对贷款申请人进行信用等级评估。比如会考察企业的领导者素质、经济实力、资金结构、履约情况、经营效益和发展前景等因素。

评估结束后，就要对企业的贷款要求进行可行性分析。其中，对企业的财务状况的分析最为重要，因为它是银行掌握和判断企业偿还能力的依据，财务状况良好的企业，银行比较愿意贷钱给它。也正是这个原因，白手起家的创业者在这个环节要特别注意。

审查人员对企业提供的材料进行核实，判断企业目前状况、中期的盈亏和长期的发展，复测贷款的风险度，提出意见，按规定权限审批。

银行贷前审查的方式多种多样，贷前审查结束后，由银行经办人员写出贷款审查报告进行审批，并明确能否给予贷款。

银行拿出审核意见的速度比较快，大概从递交申请书当天起十日之内就会给出结果，并填写在《贷款申请书》的银行审核意见栏中，如果符合贷款条件，银行会通知贷款申请人再次到银行填写各种贷款表格材料，反之则没有下文了。

一般来说，各大银行的贷款审批时间都是在 1 个月左右。随着业务的拓展，一些银行大概在两到三周之内就可以完成贷款的程序，甚至最快的只要贷款申请人资料齐全，当天即可做到放款到账。

贷款申请人一定要注意，不同银行要求的贷款期限也不同，一般来说，个人贷款最短为 3 个月，最长为 36 个月。

贷款的期限较为灵活，各大银行都设定了不同种类的期限，贷款申请人可以根据自己的需要自由选择。

签订合同，发放贷款

假如各项审查进行顺利，银行会通知贷款申请人签订《借款合同》。在《借款合同》中约定贷款种类、贷款用途、贷款金额、利率、贷款期限、还款方式、借贷双方的权利和义务、违约责任、纠纷处理及双方认为需要约定的其他事项。

《借款合同》签订后，双方即可按合同规定核实贷款。企业可以根据《借款合同》办理提款手续，可以一次提取全部资金，也可以分批提取。这个时候，企业会被要求填写银行统一制定的提款凭证，然后到银行办理提款手续。

贷款的申请虽然大功告成，但是银行的贷后监督还没有结束。在成功履行贷款的相关程序之后，银行也会在贷款申请人提取贷款后，对其贷款提取情况和有关生产、经营情况、财务活动进行监督和跟踪调查，目的还是一个：确保资金安全。

贷款的收回与延期

银行最关注的就是贷款申请人的还款问题。当贷款到期时，贷款申请人应

根据《借款合同》按期足额归还贷款本息，一般银行在短期贷款到期前一个星期、中长期贷款到期前一个月，向贷款申请人发送还款通知单。

在这个时候，贷款申请人要做的就是筹备好资金，最好是主动开出结算凭证，交银行办理还款手续。

对于贷款到期而贷款申请人未主动还款的，银行也有办法，那就是主动扣款。银行会从不守信用的贷款申请人的银行存款账户中收回贷款本息。

图6-1　贷款的基本流程图

不过，如果贷款申请人因客观原因不能按期归还贷款，就要按协议的规定提前向银行申请延期还款，继续填写大批单据和申请，交由银行审核办理。

还有一种是贷款期限在一年以上的贷款，这种贷款可以选择的还款方式就多一些，可采用等额本息还款法或者等额本金还款法，也可按双方商定的其他方式偿还。贷款的基本流程如图6-1所示。

银行贷款省息全攻略

向银行贷款有没有小窍门呢？答案是肯定的，在面向银行贷款的时候掌握一些小技巧，必定能节省不少利息。

106

货比三家选择银行贷款

有些人可能会认为，所有银行的贷款利率、所要求的贷款条件以及服务策略都是相差无几的，其实不然，尤其是贷款利率，按照金融监管部门的规定，不同的银行面向贷款人发放贷款的时候，可以在一定范围内对贷款利率进行调控，比如许多地方银行的贷款利率可以上浮30%。

国有商业银行的贷款相比地方银行的利率会低一些，但是贷款手续比较严格，如果你的贷款手续完备，不妨多比较一下各家银行的贷款利率，并且计算其他额外收费情况，考察一下根据自身条件哪家银行的贷款成本比较低，再办理贷款手续。

当前，银行竞争非常激烈，各自为了争取到更多的市场份额，都会按照国家规定贷款利率范围进行贷款利率的调整。因此，贷款申请人在贷款时，要做到货比三家，选择低利率银行去贷款。

例如，同样是贷款10万元，借款期限都是一年，一个执行基准利率，一个执行上浮20%的利率，如果选择了后者，一年就会多拿1000多元利息。

合理计划选择期限

对于贷款申请人而言，需要用款的时间有长有短，因此，为避免多付利息，在银行贷款时，就应合理计划用款期限长短。

银行提供的贷款并不是只有一个期限，不同的贷款期限利率也不尽相同。同样是贷款，选择贷款档次期限越长的利率就会越高。也就是说，选择贷款档次

9折

降息

期限无论长短，即使是同一天还贷款利息也不相同。

比如，银行融资贷款在贷款期限方面，现行短期贷款分为 6 个月以内（含 6 个月）、6~12 个月（含 1 年）两个利率档次，对 1 年期以下的短期贷款，执行合同利率，不分段计息；中长期贷款分为 1~3 年、3~5 年及 5 年以上 3 个档次，对中长期贷款实行分段计息，遇到贷款利率调整时，于下一年度 1 月 1 日开始执行同期同档贷款新利率。

如果贷款申请人贷款期限为 7 个月，虽然只超过半年期时间点 1 个月，但按照现行贷款计息的规定，只能执行 1 年期贷款利率，这样无形中就增加了贷款申请人的贷款利息负担。

选择合适的贷款时机

值得注意的是，利率的走势也不是一成不变的，会受到经济形势、国家政策各方面的影响。因此，融资也要关注利率的走势，如果利率趋势走高，应抢在加息之前办理贷款，这样可以在当年度内享受加息前的低利率；如果利率走势趋降，在资金需求不急的情况下则应暂缓办理贷款，等降息后再适时办理贷款手续。

选择适宜的贷款方式

银行有抵押贷款和质押贷款等不同的方式。因此，银行在执行不同的贷款方式时，对贷款利率的上浮也会有所不同。

同样是申请期限一样长，数额又相同的贷款，如果选择错了贷款方式，贷款申请人就可能会承担更多的贷款利息支出，让自己白白多掏钱。

因此，贷款申请人在向银行贷款时，关注和弄清不同贷款方式下的利率差非常重要。比如，银行执行利率最低的贷款有票据贴现和质押贷款，如果自己条件允许，那么通过这两种方式进行贷款，肯定再合适不过了。

关注留置存款余额和预扣利息

有些银行的贷款方式会让贷款人在无形中多付利息。例如，留置存款余额贷款和预扣利息贷款。

所谓留置存款余额贷款，即贷款人向银行取得贷款时，银行要求其从贷款本金中留置一部分存入该银行账户，以制约贷款人在贷款本息到期时能如期偿还。

但就贷款人来讲，贷款本金被打了折扣就等于多支付了利息。

所谓预扣利息贷款，即有些银行为确保贷款利息能够按时归还，在贷款发放时从贷款人所贷款的本金中预扣掉全部贷款利息。由于这种方式会让贷款人可用的贷款资金减少，客观上加大了贷款人的融资成本。

第7章

银行创业贷款、无抵押小额贷款和小微贷

银行提供的小微企业贷款产品各不相同，对于申请者的资格要求、申请材料要求略有差别，对于贷款期限、利率和还款也有各自的规定，贷款人在申请贷款时需要详细了解，选择适合自己的贷款产品。

银行对信用的考察

随着经济转型升级不断深入，越来越多的金融机构开始"俯下身来"，为更多的小微企业提供服务。

小微企业贷款仍然是银行贷款的一种，因此在许多情况下对小微企业的考察也是基于通常银行贷款的要求。

其中，对于小微企业信用度的考察是很重要的一个方面。由于小微企业在贷款之后会经常与银行打交道，因此信用度就显得尤为重要。一般来讲，银行对企业的信用度考察主要体现在银行信用、商业信用、财务信用和纳税信用四个方面，见表7-1。

表7-1　银行对企业信用度考察表

考察内容	描　述
银行信用	结算信用，指申请借款企业现金结算情况正常，未发生过违反结算纪律、退票、票据无法兑现和罚款等不良记录 借款信用，指申请借款企业有良好的还款意愿，曾发生过银行借款的，无逾期贷款或欠息等无力偿债现象
商业信用	申请借款企业在合同履约、应付帐款和债务清偿上能恪守商家的诺言，不失信

考察内容	描　述
财务信用	会计结算规范，会计报表真实可信，资产实在，无抽离现金或其他弄虚作假行为
纳税信用	企业能按时上缴应纳税款，无偷税漏税等不良记录

我国银行种类众多，既有国有商业银行，也有大型股份制商业银行和各种城市商业银行以及外资银行等，而这些银行在面向小微企业的贷款产品方面也是各不相同的，因此对于贷款申请人的资格要求、申请材料的提交以及比较重要的贷款期限、利率和还款也有各自的规定，尽管在很多时候差别不大。无论是哪类银行，都会对准备贷款的小微企业进行信用考察。

银行创业贷款

个人投资创业贷款适用的范围广泛，只要符合一定贷款条件，能够提供银行认可的担保方式的个人、个体工商户、个人独资企业，都可申请个人投资创业贷款。另外，各银行还会有具体规定。

总的来说，个人创业贷款条件如下：

（1）年龄在18至60周岁（含）以下，在贷款银行所在地有固定住所，有常住户口或在该地居住一年以上，具有完全民事行为能力的中国公民；

（2）具有良好的信用记录和还款意愿，在相关贷款银行或人民银行个人征信系统及其他相关个人信用系统中无任何不良信用记录；

（3）借款人必须具有稳定的收入来源和按时足额偿还贷款本息的能力；

（4）借款人经营实体（商铺或企业）拥有工商部门颁发的经营许可证，并正常经营一年以上；

（5）能够提供相关贷款银行认可的担保方式，包括个人房产抵押和商铺（摊位）经营权质押；

（6）在相关贷款银行开立个人结算账户；

（7）相关贷款银行规定的其他条件。

个人创业贷款额度、期限和利率

（1）个人创业贷款金额最高不超过借款人正常生产经营活动所需流动资金、购置(安装或修理)小型设备(机具)以及特许连锁经营所需资金总额的 70%。

（2）个人创业贷款期限一般为 2 年，最长不超过 3 年，其中生产经营性流动资金贷款期限最长为 1 年。

（3）个人创业贷款执行中国人民银行颁布的期限贷款利率，可在规定的幅度范围内上下浮动。

贷款偿还方式

（1）个人创业贷款期限在 1 年(含 1 年)以内的，实行到期一次还本付息，利随本清。

（2）个人创业贷款期限在 1 年以上的，贷款本息偿还方式可采用等额本息还款法或等额本金还款法，也可按双方商定的其他方式偿还。

创业贷款范例 1：建设银行个人助业贷款

个人助业贷款是建设银行对以自然人名义申请，从事合法生产经营的个体工商户和中小企业主发放的，用于解决个人从事生产经营的中短期资金需求的贷款。

贷款对象

年满 18 周岁，具有完全民事行为能力的中国公民，且借款人年龄与贷款期限之和不超过 60 周岁。

贷款期限

一般为 1 年（含），额度有效期限最长不超过 5 年。

贷款额度

最低额度 10 万元，最高授信额度 500 万元。

需要提供的申请材料

（1）借款人及配偶身份证、户口簿或有效居住证明、居住地址证明、婚姻状况证明；

（2）借款人配偶承诺共同还款的证明；

（3）从事生产经营的营业执照，从事许可制经营的，应提供相关行政主管部门的经营许可证原件及复印件；合伙或公司制企业还应出具企业合伙经营协议或章程及验资报告、出资协议原件及复印件；

（4）贷款用途证明（如购货合同等）；

（5）生产经营活动的纳税证明；

（6）借款人获得质押、抵押贷款额度所需的质押权利凭证、抵（质）押物清单及权属证明文件、权属人及财产共有人同意质押、抵押的书面文件；

（7）建设银行二级分行(含)以上认可的评估部门出具的抵押物估价报告；

（8）建设银行需要的其他资料。

担保或抵押方式

担保方式如图 7-1 所示。

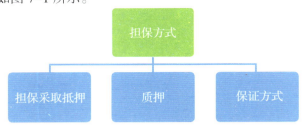

图 7-1　担保方式示意图

中国建设银行不接受单纯以第三方保证形式提供的担保。

还款方式

贷款期限在 1 年以内的，可以采取按月还息任意还本法、等额本息还款法、等额本金还款法、一次性还本付息还款法等方式；贷款期限在 1 年以上的，可采取等额本息、等额本金还款法。具体还款方式由经办行与借款人协商并在借款合同中约定。

创业贷款范例 2：工商银行个人助业贷款

个人助业贷款是指中国工商银行向客户发放的，用于客户或其经营实体合法经营活动所需资金周转的保证担保或信用方式的人民币小额贷款。

产品特色

（1）担保方式灵活：以信用或保证担保方式发放，无须抵质押，灵活方便。

担保方式可采用自然人担保、经营商户联保、商友俱乐部成员联保或一般法人担保等形式;

（2）贷款金额:单户贷款金额最高 50 万元;

（3）短期资金周转:贷款期限一般为 6 个月以内,最长不超过 1 年。

申请条件

（1）具有完全民事行为能力的自然人,年龄在 18 周岁（含）~ 65 周岁（含）之间;

（2）具有合法有效的身份证明及婚姻状况证明;

（3）在工行获得 D 级（含）以上信用评价等级;

（4）具有合法的经营资格和固定的经营场所,能提供个体工商户营业执照、合伙企业营业执照、个人独资企业营业执照,或持有营运证、商户经营证、摊位证等经营证照或其他合法、有效经营资质证明,及经营场所的产权证明或承包、租赁证明资料;

（5）具有按时足额偿还贷款本息的能力;

（6）具有良好的信用记录和还款意愿,借款人在工商银行及其他已查知的金融机构无不良信用记录;

（7）采用保证担保的,能提供工商银行认可的合法、有效、可靠的贷款担保;

（8）借款人在工商银行开立个人结算账户;

（9）工行规定的其他条件。

申请资料

（1）借款人及其配偶有效身份证件、婚姻状况证明原件及复印件;

（2）经年检的营业执照（或有效营运证、商户经营证、摊位证等）及经营场所产权证明或承包、租赁证明资料；

（3）反映借款人或其经营实体经营状况及还款能力的证明资料；

（4）贷款采用保证方式的，须按照工行相关规定提供资料；

（5）工商银行要求提供的其他文件或资料。

个人信用贷款是中国工商银行向资信良好的客户发放的无须提供担保的人民币信用贷款。

贷款额度与期限：贷款起点金额为1万元，贷款期限最长可达3年。

具备循环贷款功能：一次申请，循环使用，随借随还，方便快捷，并可通过商户POS和网上银行等渠道实现贷款的自助发放。

申请条件

（1）具有完全民事行为能力的中国公民，年龄在18(含)到60(含)周岁之间。

（2）具有合法有效的身份证明及贷款行所在地户籍证明(或有效居留证明)。

（3）具有稳定的收入来源和按期足额偿还贷款本息的能力。

（4）具有良好的信用记录和还款意愿，无任何违法行为及不良记录。

（5）在工商银行零售内部评级系统中取得B级（含）以上风险等级。

（6）工商银行存量客户，客户星级应在4星级（含）以上。

（7）在工商银行开立个人结算账户。

（8）银行规定的其他条件。

除具备以上基本条件外，还具备下列条件之一：

（1）工商银行优质法人或机构客户中高级管理人员及高级专业技术职称人员。其中，对优质法人或机构为工商银行代发工资客户的，须为在上述单位工作年限三年(含)以上在编正式员工，或驻军、武警部队军衔为少校(含)以上人员。

（2）工商银行私人银行、财富管理、牡丹白金卡或理财金账户客户。为理财金账户客户的，须持有工商银行理财金账户卡1年（含）以上，且近1年内本人名下在工商银行的金融资产价值季度日均余额在 20 万元（含）以上。

（3）在工商银行非质押类个人贷款累计金额 100 万元（含）以上，且最近连续 2 年（含）以上没有逾期记录（含已结清贷款）。

（4）本人家庭拥有净资产（不动产和金融资产）达 300 万元（含）以上，或近 6 个月持续拥有且日均金融资产在 50 万元（含）以上。

（5）不低于工商银行私人银行、财富管理或牡丹白金卡准入标准的他行优质个人客户。

（6）个人税前年收入 20 万元（含）以上。

申请资料

（1）本人及配偶的有效身份证件、婚姻状况证明（结婚证、离婚证或未婚声明等）。

（2）本人户籍证明（户口簿或其他有效居住证明）。

（3）本人收入证明及职业证明。

（4）贷款用途证明或声明，并承诺贷款不进入证券市场、期货市场和用于房地产开发、股本权益性投资，不得用于借贷牟取非法收入。

（5）符合申请条件（1）的，还须提供就职单位有效职务证明或国家相关部门颁发的专业技术级别证书。借款人仅为工商银行代发工资客户的，还须提供借款人工作单位与其签订的劳动合同。

（6）符合申请条件（2）至（5）的，还须提供本人拥有的各类账户、金融资产凭证以及房产所有权证明等。

（7）符合申请条件（6）的，还须提供地方税务部门出具的最近一年个人所得税完税凭证。

（8）银行要求提供的其他资料。

无抵押信用贷款

无抵押信用贷款，最大的特点就是借款人无须提供抵押品或第三方担保，仅凭自己的信用就能取得贷款，并以借款人良好信用作为还款保证。因此无抵押贷款又被称为信用贷款。

借款人申请无抵押信用贷款，必须符合条件，银行根据的是个人的信用情况来发放贷款，利率一般稍高于有抵押贷款。在这些证明材料中，收入证明和没有违法行为及不良信用记录起到了关键性作用，决定了申请贷款能否成功。

目前多数银行都提供无抵押贷款，若借款人资质符合条件，一般银行审核通过后 1 个工作日即可放款。

一般要求借款人为 18 ～ 60 周岁，具有稳定的收入来源和稳定住所，如果是工商个体户申请贷款，则要求正常经营满三个月以上；主要经营场所在市（县）区范围内。

每个银行对申请条件、贷款期限等规定略有不同，贷款申请人可根据自己的具体情况进行选择。

银行小微贷款

银行小微贷款是指小微企业在银行的贷款业务。因为小微企业的信贷需求具有"短、小、频、急"的特点，其小额、短期、分散的特征更类似于零售贷款。他们对资金流动性的要求更高。

2014 年 8 月，银监会发布《中国银监会关于完善和创新小微企业贷款服务提高小微企业金融服务水平的通知》，通知银行业金融机构"积极创新小微企业流动资金贷款服务模式。对流动资金周转贷款到期后仍有融资需求，又临时存在资金困难的小微企业，经其主动申请，银行业金融机构可以提前按新发放贷款的要求开展贷款调查和评审。对符合条件的小微企业，经银行业金融机构审核合格后可以办理续贷。""银行业金融机构同意续贷的，应当在原流动资金周转贷款到期前与小微企业签订新的借款合同，需要担保的签订新的担保合同，落实借款条件，通过新发放贷款结清已有贷款等形式请允许小微企业继续使用贷款资金。"

能办理贷款的小微企业需要满足以下条件：

（1）依法合规经营；

（2）生产经营正常，具有持续经营能力和良好的财务状况；

（3）信用状况良好，还款能力与还款意愿强，没有挪用贷款资金、欠贷欠息等不良行为；

（4）原流动资金周转贷款为正常类，且符合新发放流动资金周转贷款条件和标准；

（5）银行业金融机构要求的其他条件。

申请流程

小微企业贷款的申请和个人消费类贷款的申请流程是大同小异的，主要分为以下六个阶段，如图7-2所示。

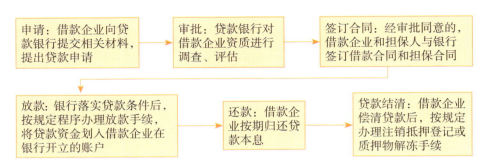

图 7-2　小微企业贷款申请流程

虽然现在在小微企业贷款方面还有很多的问题和有待完善之处，我们有理由相信，随着国家引导性政策的扶持以及银行的重视，小微企业在银行融资将逐步告别融资难、融资贵的处境，迎来快速发展的春天。

小微贷款范例：民生银行商贷通

商贷通是中国民生银行向中小企业主、个体工商户等经营商户提供的快速融通资金、安全管理资金、提高资金效率等全方位的金融服务产品。

产品特点

（1）用款方便：贷款金额原则上不设最高额限制，期限最长可达 10 年；贷款额度支持随借随还功能，贷款资金可循环使用。

（2）担保灵活：抵押、质押、保证、联保等 11 种担保方式，可以根据自身情况和经营模式，选择一种或多种担保方式，增强贷款申请人的资信实力。

（3）自然人联合担保：联合担保是指由 3 个（含）以上自然人自愿组成联合担保体，相互提供连带担保责任的一种保证形式。

（4）市场开发商（或管理者）保证：各类开发区、工业园区、科技园区、交易市场、商业街的市场开发商（或管理者）提供的法人担保。

（5）产业链的核心企业法人保证：大型零售商或特大型企业提供的法人

担保。

（6）商铺承租权质押：拥有商铺承租权的承租户以商铺承租权进行质押。

（7）应收账款质押：在经营过程中要求义务人付款的应收账款进行质押。

（8）共同担保方式：指多种担保组合的方式。

（9）联保体成员之间不得为关系人，联保体企业均在民生银行开结算账户。

申请条件

（1）具备完全民事行为能力，贷款申请人和其家人均无不良信用记录；

（2）拥有或控制某经营实体，如个体工商户、中小企业等，经营实体无不良信用记录；

（3）家庭实物净资产不低于50万元，实物净资产如没有贷款的房产、汽车等；

（4）若从事生产经营投资活动（包含承包、租赁活动），原则上需要拥有三年以上行业工作经验，并在民生银行机构所在地有固定经营场所且连续经营两年（含）以上；

（5）原则上，贷款申请人需要具有民生银行机构所在地城镇常住户口或有效居留身份，并拥有固定住所；

（6）贷款申请人在民生银行开立有个人结算账户，经营实体在民生银

行开立有企业结算账户；

（7）民生银行规定的其他条件。

贷款人申请人需提供的申请资料

（1）申请人和相关担保人的身份证，户口本的原件及复印件；

（2）申请人所拥有或控制企业的资产证明材料，如财务报表、银行对账单、税单证明、货物运输清单等资料；

（3）此次借款将用于何处的相关材料；

（4）贷款申请人可以提供的担保材料，如房屋产权证明等；

（5）民生银行规定的其他相关材料要求。

商贷通分为额度授信和单笔贷款，这两种方式需要的申请资料并不相同。以下以房屋抵押贷款担保方式为例，分别介绍这两种方式需要准备的材料，见表7-2。

表7-2 房屋抵押贷款所需准备的材料

项目	内　　容
借款人为家庭	额度授信：借款人（抵押人）及配偶身份证（正反面），户籍证明，婚姻状况证明，收入证明，个人银行结算（最近半年或一个季度），个人信用报告（夫妻双方），个人其他财产证明，抵押房产评估报告，抵押房屋承租人声明
借款人为企业	额度授信：营业执照正本和组织机构代码证（经年检）正本，税务登记证正本，公司章程，财务报表（个体工商户不用），验资报告复印件（加盖公章），企业银行流水，企业纳税申报表（贷款金额200万以上提供），贷款用途材料等的复印件。涉及企业房产抵押或者要追加企业连带责任担保的要出企业的股东会或者董事会的有效决议
格式文本和合同准备	额度贷款：电子渠道自主贷款申请审批表（开通电子渠道业务），支行审批表，调查报告，借款人资信状况调查表，商户借款申请表，个人额度借款合同，个人最高额抵押合同，最高额抵押合同，最高额保证合同 单笔贷款：借据，支行官批表，调查报告，借款人资信状况调查表，商户借款申请表，个人借款合同，个人抵押合同，抵押合同（企业房产），保证合同

还款方式

（1）授信期限在一年以内（含一年）的，可选择分期付息到期一次偿还贷款本金，分期偿还贷款本息等还款方式。

（2）授信期限在一年以上（不含）的，可采用等额本息、等额本金或组合还款法等还款方式。

办理流程

商贷通办理流程如下：

开立结算户→办理商户卡→贷款申请→贷款调查→贷款资料采集→贷款审查、审批→落实担保条件→贷款签约和发放→贷款资金划转→依照合同约定按期偿还本息→还清贷款，合同解除，办理注销抵押登记或质押物解冻手续。

第8章 缓解资金周转困难
——典当融资

在所有融资手段中，典当的特点是快捷。相对于主流的融资途径，典当虽然边缘化，但是因为其救急性得到广大小微企业的青睐。

什么是典当

典当的书面定义比较拗口，就是指当户将其动产、财产权利作为当物质押或者抵押给典当行，交付一定比例费用，取得当金，并在约定期限内支付当金利息、偿还当金、赎回当物的一种行为。

通俗地说，典当就是要以财物作质押，有偿有期借贷融资的一种方式。这是一种以物换钱的融资方式，只要顾客在约定时间内还本并支付一定的综合服务费（包括当物的保管费、保险费、利息等），就可以拿回自己当掉的东西。

典当主要有两种担保方式，一种是质押，另一种是抵押，见表8-1。

表8-1 典当的方式

种类	说　　明
质押典当	将典当物品交由典当行保管，典当行根据所典当物品的价值，参考市场价格和其他因素，经双方协商后确定一个典当金额，即时办理典当手续，当场就可以拿到资金
抵押典当	典当人不需转移典当物品的占有，将该财产作为债权的担保，向典当行融资典当双方签订一个借款合同和抵押担保合同，约定借款期限、借款金额、综合费率和利率等有关事项，明确双方的权利义务

典当融资具有相当明显的优势，与银行对借款人的资信条件近乎苛刻的要求相比，典当行对客户的信用要求几乎为零，典当行只注重典当物品是否货真价实。一般商业银行只做不动产抵押，而典当行则可以动产与不动产质押二者兼可。

对于一些信用较好的"老客户"，不少典当行还采用了类似"授信额度"的做法，一次性质押多次使用。

比如，一套商品房的评估价为50万元，在一年的期限内，某个月客户需要20万元，典当行就可以支付20万元，第二个月不需要用这笔钱，可以归还20万元及费率，需要时又可再借，而无须重新进行评估。

除了借款速度快以外，对于还款典当行的处理也很灵活。比如，客户在借款后，在约定的借款期限内，借款人可以提前还款，或者先还一部分，典当行会根据借款人实际的借款期限和借款金额，收取或退还利息和费用；也可以在合同约定的有效期内，还款后再借款，无须再另行签订合同和办理抵押登记手续，十分方便，充分体现短、快的特点。

尤其是一些不能确定何时需要资金、又经常需要短期资金周转的企业和个人，更是愿意使用典当这种适合中小企业的快速融资方式。

在与典当行签约办理了借款手续后，可以在约定的借款期限内，需要多少就借多少，随借随还，结息方便。

与银行贷款相比，典当融资的优越性主要在于便利，便利性主要体现在以下三方面。

（1）方式灵活多样，典当融资可多可少，期限可长可短。

（2）融资速度快，只要证件齐全，通常只要几十分钟就可办妥。

（3）手续简单，一般是在典当行柜台上当面验物成交。

典当期限

如果你真的想利用典当进行融资的话，典当的期限是一个需要特别注意的问题。因为典当时间最长不过 3 个月，所以比较适合短期融资。

典当物品的期限一般较短．最短 5 天，最长 3 个月，自典当期满之日起 10 日内，当户既不赎当，又不续当的当物，视为绝当，典当行按有关规定处理。

有些典当行规定典当最短时间为 5 天，假如典当的日期不足 5 天也要按 5 天计算，最长期限为 6 个月。

有的典当行则不然，会规定最短期限为 15 天，最长 6 个月，在需要典当融资救急的时候，每个典当行的规定天数是多少，是要仔细考虑的。

详细的典当行管理办法是这样规定的，当期分为 5 日、15 日、30 日、60日、180 日等不同期限，普通物品典当按 5 日起计，机动车典当按 15 日起计，房地产典当按 30 日起计。不管最低期限是多少，当户都要记牢当期最长不得超过 180 日（即 6 个月）。

也就是说，典当到期后，典当期限是最短期限的客户可以选择赎当，也可

以根据自己需要选择续当。

假如虽然超过了赎当的期限，但是当户于典当期限或者续当期限届满至绝当前赎当的，属逾期赎当，应当根据当期内的息费标准和实际逾期天数，补交当金利息和综合费用，偿还典当行对当品的保管费用以及相应的手续费。

不过，即使典当的物品成为绝当后，也不是毫无办法可言的。如果当户还想拿回心爱的

宝贝，那么可以与典当行协议赎当，此时需要缴纳一定的逾期费用，这个费用是由客户和典当行协商决定的。

由此可以看出，典当的当期是十分灵活的。银行贷款一般期限较长，而典当期限通常为短期，可以有比较自由的选择方式。因此，典当融资能够很好地满足中小企业对短期资金的需求，减少不必要的利息支出，降低融资成本。

典当物品范围

典当的物品范围比较宽泛，只要是来源合法、产权清晰，可以依法流动的有价值的物品都可以进行典当。很多人可能会问，现在的典当行是不是也和以前的当铺一样啊？什么旧衣服、旧被子，都可以进行典当！当然不是。

一般来讲，股票、企业债券、大额银行存单、批量物资、高档服装、家用电器、钟表挂件、照相机、摄像机、日用百货、摩托车、轿车、房产等生活资料都可以作为典当物。

不同的典当行具体开展的业务有不同。此外，还可将有价证券、金银首饰、古玩字画、其他艺术品等资产进行典当。

要注意的是，不同的典当业务需要提供的证件和办理手续是不一样的，如图 8-1 所示。

图 8-1　不同的当品携带证件示意图

（1）民品：当户需携带本人身份证原件，购物发票（可不带）。

（2）房产：当户需携带户主身份证、户口本、房屋所有权证等。

（3）股票：当户需携带本人身份证、股东账户卡（需签约监控）。

（4）车辆及其他物品：当户需携带本人身份证、汽车有关证件、此物品相关财产证明。

需要主意的是，这里的民品即金银饰品、珠宝钻石、电子产品、钟表、照相机等。由于典当的服务对象主要面向需要资金较小的企业及个人，当户办理典当业务时应出具企业资质证明或个人身份证明，个人当户则必须年满18周岁。

不管典当物是何种性质的，尽管不同的典当物品需要携带的证件不同，但是有一个证件都必须携带，那就是个人身份证。

违禁物或限制流通物品不得典当。典当行有权要求当户出示当物来源的证明。假如是共有财产，当户还要向典当行出示应有共有人的身份证明和同意典当声明。

房地产、机动车、股权等需要进行权利登记的当物，应在放款前到有关部门办理抵押登记，必要时办理公证手续。

从理论上讲，只要有价值，能够在市场上卖出去的东西都能被典当，不过在实际的典当过程当中，那些变现力强、价格比较稳定的东西才好典当。

比如玉器、古玩字画，甚至包括一些较新的电子数码产品、高档家电等也可以典当，不过后者的典当价格就相当低了。

随着典当行业务的发展，可以典当的物品种类也越来越丰富。一些地方的典当行除了传统的车辆、电器、流通物资、房地产等外，有价证券、提单、经营使用权、专利技术、企业应收账款等都可以典当，为急需融资的人们提供了更为便捷的通道。

虽然可以典当的物品越来越多，但典当行不是所有物品都可以典当的，对那些无价值或价值不大，变现能力差，易燃、易爆、危险品、剧毒品、易变质、不易保存的物品，或被查封、扣押，或已被采取其他保全措施的财产，或权属不明的物品，典当行是不会给予典当的。

当户一定要选取最容易被典当行接受的物品去典当，这样才能最快地获得资金。由于不同的物件典当行的价值也不尽相同，因而在典当之前当户可以做一个相关的咨询，提前做好准备。

目前首饰、钟表类典当物品所收取的月综合管理费为当金的4.2%，而贷款的月利息按中国人民银行公布的金融机构同档次法定贷款利率执行，可能会有所上浮。

民营企业典当物品一般为房产、股票和大宗商品。房产和股票的折当率受到市场影响而变化。当行情好、处于周期性上升的时候，折当率比较高。目前房地产受到宏观调控政策影响，折当率为50% ~ 60%，最高的时候为80%左右。

目前房地产典当的月综合管理费为当金的2.7%，股票为2.4%。在利息方面，依据融资金额而有所不同，融资金额高的话，利息较低。

相比较而言，股票目前折当率是50%左右，股市行情好的时候为60% ~ 70%。

由此可见，典当物品的范围是很广泛的，主要分为三类：动产、财产权利和房地产。而在这些类别中，房产典当正在成为典当业务的主要组成部分，几乎占了典当行营业额的半壁江山。

如何办理典当

办理典当的手续比起银行贷款来要简便许多，一般少则几分钟，多则三五天。与银行贷款手续繁杂、审批周期长相比，典当融资手续十分简便，大多立等可取，即使是不动产抵押，也比银行要便捷许多。

其基本流程为可简单归纳为交当、收当、存当、续当、赎当。

（1）交当。交当之物，当户应对其拥有所有权和处置权，所以出示有效证件是一个必要的过程。

比如，企业办理交当凭借单位证明和营业执照，个体企业出示个体营业执照以及身份证，个人办理的需要携带身份证。

（2）收当。在收当这一阶段主要是确定当物的评估价、融资金额（一般按评估价的 50% ～ 60% 折算）、典当的期限以及确定利息和费用。

（3）存当。双方共同清点当物，然后交与典当行妥善保管，如有损失典当行将负全部的责任。

（4）续当。自典当期满 5 日或 10 日内（各典当行规定有所差异），经双方协商同意能够续当，交回原当票，开具续当当票。

（5）赎当。典当期限内，当户凭当票或续当当票及原始登记证件来办理赎当。超期部分每日加收滞纳金。

典当期满 5 日或 10 日（各典当行规定有所差异），当户既不赎当又不续当，即为绝当。对绝当物品，典当行有权处理，原当票会自动作废。

典当行典当物品的程序比较简单，但是由于不同的典当物手续不同，所以当正式办理典当的时候，详情应当参考店内公告。

130

第 3 篇
寻找风险投资

　　本篇主要介绍如何撰写商业计划书，如何寻找风险投资，如何打动风险投资者的心，如何与风险投资者签订投资协议。寻找风险投资与互联网融资、金融融资互为补充，三者缺一不可。

　　寻找风险投资解决的是创业者长期发展所需要的资金，互联网融资、金融融资解决的是创业者短期现金流短缺的问题。

第9章　获得风险资金，了解风险投资

风险投资是创业者的天使，也可能是创业者的掘墓人。对于风险投资，你了解多少？所谓"知己知彼，百战不殆"，了解风险投资的运作原理、投资风格，就能顺利从风险投资那里拿到钱。

什么是风险投资

风险投资不需要抵押，也不需要偿还。对小微创业者来讲，使用风险投资创业的最大好处在于即使创业失败，也不会背上债务。这样就使得年轻人放开手脚、心无旁骛地创业。总的来讲，在风险投资出现发展的几十年间，这种投资方式取得了比较大的成功。

有的人把风险投资比作创业者的"维生素"。维基百科是这样解释风险投资的：风险投资是私募股权投资户的一种，通常投资给早期、具有潜力和成长性的公司，以期最终通过IPO（首次公开发行）或公司出售的方式获得投资回报。

按照这种说法，风险投资属于私募股权投资的一种，主要把目光集

中在成长初期的年轻企业。那么私募股权又是什么呢?

私募股权投资是一个宽泛的概念,指以任何权益的方式投资于任何没有在公开市场自由交易的资产。机构投资者会投资到私募股权基金,并由私募股权投资公司投资到目标公司。

在风险投资领域,"天使投资"这个词指的是企业家的第一批投资人,这些人一般比较熟悉创业者,愿意在公司产品和业务成型之前就把资金投入进来,帮助公司启动。

风险投资的运作模式其实很简单。投资者选择优秀的创业者,通过注入资金获得股权,并参与企业的经营管理,适时为企业提供一些增值服务,通过企业盈利使得股价提升。经过一段时间后,风险投资者会通过一些方式将手中的股票脱手,从而获得比当初投入的资金高出很多的利润。风险资本投入企业有三种方式,见表9-1。

表9-1　风险资本投入企业的方式

投资方式	内容描述
直接投入资金购买股权	(1)直接投入资金就是以购买股权的方式进入被投资企业,多为私人资本 (2)分期分批投入被投资企业,这种情况比较常见,既可以降低投资风险,资金周转又不受影响
提供融资担保、提供贷款	(1)以提供融资担保的方式对被投资企业进行扶助,其中一般政府资金会占到大多数 (2)一次性投入,一般天使投资人比较乐意采取这种方式,金额较少,一次投入后,很难也不愿再提供后续资金支持
既购买股权又提供贷款	以购买股权的方式进入被投资企业,同时为企业提供融资担保,提供贷款

风险投资如何运营

风险投资其实并不是一个特指名词,它指代的是风险投资的主体,可以是

133

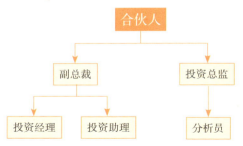

图9-1　风险投资公司职务系统图

风险投资家、风险投资公司或者风险投资行业等，并有自己的体系结构。

在一家典型的风险投资公司中，通常会设有以下职位：合伙人、副总裁、投资总监、投资经理、分析员、投资助理等，如图9-1所示。合伙人是风险投资公司的最高领导，按照他们内部职能的差异，又可以分为主管合伙人、普通合伙人等。

在风险投资的运作体系里，所有的合伙人包括员工分工明确、各司其职，共同完成一只风险基金的运作。

风险投资中的主管通常负责处理公司日常事务，募集风险基金、管理项目和取得收益回报决定基金内部的重大事情。

至于那些普通管理者，他们负责项目投资这个板块，比如寻找、评估项目，共同做出投资决定，保证风险投资能够正常运转。有些时候可能代表风险投资基

金在被投资公司的董事会中占据席位，指导被投资公司的日常管理。

风险投资里还有一些比较特殊的人，他们通常已经经历过了成功创业的阶段，手里握有大笔资金，他们的经验既可以帮助风险投资对项目进行评估，也能帮助风险投资曾投资过的公司出谋划策。

比如说风险资本家，他们是向其他企业家投资的企业家，资本归自己所有，通过投资来获得利润。

也有一些专业的风险投资公司，通过风险投资基金来进行投资，也负责为基金融资，就像创业者为企业融资一样，风险投资公司也要向投资者融资，通过募集到足够的资金并成立风险投资基金之后，才开始投资。

风险投资也有自己不同的发展区间，一般来说是分为种子期、早期、成长期。不同阶段的风险投资为单个项目拿出的资金也是不同的，一般来说，风险投资越成熟，可供投资的资金越多。

风险投资也得融资

风险投资的资金不是属于某一个人的，也不是某一个很有钱的大老板全部出资，而是来自多方募集。

风险投资手里的钱称作风险投资基金，也有一个运作的周期。在这个周期内要实现投入—收益的回报。

比如，一家风险投资基金手中有 5000 万元，2000 万元用来进行第一轮投资，如果这些项目中的一些发展不错，剩下的钱的大部分就可能用于继续投资。假如发展不好，恐怕就不能继续了。

从这个角度看，对于初次向风险投资融资的创业者而言，风险投资基金的规模比实际数字要小一半左右。

风险投资基金的融资渠道主要有两个：机构投资者和非常富有的个人，再说得详细点儿，包括公共养老基金、公司养老基金、保险公司、富裕的个人，等等。

这些出资人在一般情况下按照基金的投资进度分批投入资金。假如风险投资出资人的钱袋锁紧了，而他们承诺给风险投资基金的资金却仍然占据原来的比例，这不利于他们自身的最优资产配置。

当这种情况出现时，投资人可能会考虑撤回资金，所以很多风险投资基金的实际数额要比他们口中所说的小一些。

而且，风险投资公司管理风险投资基金的管理费也在基金总额之中，而出资人主要是按实际出资额给管理费，假如基金规模缩水了，那么管理费也会跟着下降，这种现象持续下去，风险投资手中的资金就会越来越少。

更有甚者，如果某一年某个风险投资公司的业绩不佳，连一个项目都没找到，出资人就不会出资，这样风险投资就一分钱的管理费都拿不到，所以，可用来投资的钱就更少了。

融资与投资的流程

融资是获得风险投资的最重要阶段，也是创业者比较紧张的环节，在很多时候直接决定了创业者的梦想是不是能变为现实。

一份详尽的公司介绍将会为创业者与投资者之间的沟通奠定良好的基础。一般而言，风险投资基金所希望看到的是一份完备而简洁的商业计划，而不单是花里胡哨的产品包装。

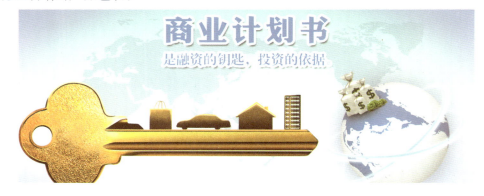

商业计划书在融资中的地位是很重要的，一般来说，这份计划书中应当对公司进行详细的描述，包括公司的历史、所有权、产品、市场地位、主要竞争对手、发展策略、财务成果、财务需要，以及主要股东和管理层的专业经历。详细的信息要求可以从私募股权投资公司获得。

需要提醒每位创业者，商业计划书被誉为"敲门砖"，在融资环节里具有不可替代的重要作用。

因为风险投资者会仔细地阅读商业计划书，并且会据此对创业者的项目或者产品有一个大体的概念，他们所做的初步评估是对每份提交上来的计划的第一次也是最关键的考验。有许多商业计划就是在这一阶段被淘汰的。

一个风险投资基金公司曾经举过这样一个例子：在他们所看到的100份商业计划之中，有一半会在初次审阅时被淘汰；在几个小时更为细致的评估之后，又将有25份遭到否定；而经过更加深入的分析后，在剩下的计划中大概又有10份不合乎要求。

在最初的100个候选者当中，只有几家公司的计划可以得到比较深入的分析和评估，而能够就合同的条件协商成功，并最终获得投资的公司为数就更少了。

由此可见，对一份商业计划做精心的准备是十分值得的。没人愿意失去一次获得投资的大好机会，或是发现仅仅是因为商业计划写得不好，自己好几个星期的努力就全部化为泡影，在初次审阅之后就被投资者拒之门外。

商业计划书通过初步评审后，假设打动了某一位风险投资者，他会把这个项目拿回去在风险投资定期项目评估会上进行讨论和排序。他们手中对被投资企业都有一个"榜单"。

被列入这个榜单的一般都是风险投资比较感兴趣的公司，如果这个项目能够在风险投资内部被一致看好，就能够进入这个榜单的前几名，风险投资通常会提出进一步的问题，并要求提供其他的补充材料与信息。

而下一步，风险投资的代表就应该和公司的管理层会面了。如果计划被暂时接受，那么公司就应该在计划的细节上多下功夫了。

在这一阶段，风险投资会对该公司进行深入的分析，接下来风险投资就可能会指派专门团队来和该公司进一步沟通，包括谈判投资条款清单，做尽职调查等。

这包括商业分析、财务及法律审计、结构分析，可能还有技术和环境调查。这一过程需要大量的详细信息，风险投资一般会承诺保密。因为风险投资所进行的投资数量众多，从长远来看都会这么做。

如果对该公司的情况基本满意，该公司有条件获得投资，其商业计划也被双方所接受，那么风险投资就会开始与该公司协商谈判，从而确定投资条件。

谈判的主要内容比较繁杂，是规定股东的权利和义务、监事会的代表人数、管理期权以及投资者以何种价格购买公司一定数额的股份。

股份就意味着最后分钱的多少，所以在谈判中，最后一点通常要耗费很多时间双方才能达成一致。

一般而言，谈判是和投资者的尽职调查工作同时进行的。在谈判和尽职调查成功结束后，就该正式批准所做出的种种决定了。

风险投资基金一般都设有一个特别机构——投资委员会，来对投资做出最后的决策。在决策基础上，双方签署正式的法律文件，开始对公司投资。投资过程如图 9-2 所示。

图 9-2　风险投资过程示意图

以上所说的投资过程，从公司提供最基本的材料和信息开始，直到资金被划拨到公司账户通常要经历几个月的时间。至于方案是否通过了投资者的最初审核，两三周就能得到结果。

很显然，这一过程进展的速度是取决于投资双方的。如果公司的所有者和管理董事会有一个积极的态度，并能和投资者进行高效率的合作，就能使这一进程大大加速。

风险投资如何参与企业管理

在签署协议之后，风险投资开始对公司进行投资，但它对公司的支持可不是到此为止的，如果情况需要，它有可能会指派自己的人员加入公司的监事会，监督公司的发展状况、业绩并在战略上对公司进行支持和帮助。

风险投资主要通过监管和服务实现价值增值。

监管主要包括参与被投资企业董事会、在被投资企业业绩达不到预期目标时更换管理团队成员等手段。

服务则主要包括帮助被投资企业完善商业计划、公司治理结构以及帮助被投资企业获得后续融资等手段。价值增值型的管理是风险投资区别于其他投资的重要方面。

风险投资的投资管理可分为两个层次，一是对私募股权投资的管理，二是对风险企业的管理。

有的风险投资还会告诉企业在发展过程中去寻找更多的其他风险投资，这样为公司提供资金的人多了，既可以分散、降低风险，又可以借其他风险投资者的经验和资金，以较少的投资使风险企业获得足够的资金，迅速发展达到合理规模，尽早取得收益。

美国 Kiner&Perkins 风险投资公司自 1973 年开始投资 700 万美元，建立了 17 个小企业（与其他风险公司联合投资），其中 7 项失败（占 41%），2 个非常成功（占 12%），其余一般。1984 年该公司所持这些公司的股票市值为 2.18 亿美元，比初始投资增加 31 倍，年收益率达 37%。

风险投资在对风险企业进行投资的同时，还派出管理专家参与企业的经营决策，这就为风险企业管理的现代化提供了可能。

风险投资给予的规范化管理

风险投资通常比较喜欢监督或者帮助风险企业建立起一套规范的管理制度。当一个企业比较小时，人员少、业务范围比较窄，基本的运作程序比较简单，对规范化管理的要求不是那么严格。

当企业发展到一定规模时，就必须建立一套严格的管理制度，使企业不再停留在单纯的"人治"阶段，而是要让理性的规范来管理这个企业，避免高技术企业因迅速发展所带来的管理混乱。

在创业者与风险投资打交道的过程中，风险投资会告诉创业者，企业组织应与企业的发展战略和企业的长期经营目标相适应。

风险投资比较青睐高新技术，这就要求企业的组织结构具备充分的柔性、敏感性和适应性，以适应企业快速增长的需要，减少相应的风险。

同时，风险投资希望看到以高新技术为旗帜的企业不断拿出创新成果，建立以产品创新为核心的产品型组织结构。

风险投资在对企业进行监管的过程中经常会提出要群体决策，充分发挥高技术企业人员素质高的优势；还很有可能帮助创业者建立企业信息中心，减少因信息不完全所带来的风险。

同样，风险投资也愿意知道它所投资的企业在不断开发新产品，提高自己对技术创新的适应能力，做好技术储备，能够在瞬息万变的市场竞争中取胜，从这个角度出发，就会要求企业加强从项目的立项、开发到生产等环节的科学、高效管理。

投资生效后，风险投资便拥有了风险企业的股份或其他合作方式的监管权利。多数风险投资在董事会或合作中扮演着咨询者的角色。风险投资通常同时介入好几个企业，所以一般没有时间对某一个公司干涉太多。

作为咨询者，风险投资主要就改善经营状况以获取更多的利润提出建议，帮助物色新的管理人员，定期跟创业者接触以跟踪了解公司情况，定期审查会计师事务所提交的财务分析报告。

风险投资资金如何退出

如果公司在几年之后取得了预期中的发展，根据相关的政策、公司所在行业、性质和市场状况的不同，风险投资会在投资之后的 3 到 7 年后退出。当然，投资的时间有长有短，这都是正常的。

风险投资资金退出的方式主要有三种：首次公开上市（IPO），被其他企业兼并收购或股本回购，及清算破产，如图 9-3 所示。

图 9-3　风险投资资金退出方式

以何种方式退出，在一定程度上是风险投资成功与否的标志。在做出投资决策之前，风险投资家就制定了具体的退出策略。

退出决策就是利润分配决策，以什么方式和什么时间退出可以使风险投资收益最大化为最佳退出决策。

显然，能使风险企业达到首次公开上市发行是风险投资家的奋斗目标。清算或破产则意味着风险投资可能一部分或全部损失。

如果该公司关门大吉了，公司破产清算后剩余的资产，风险投资要优先于公司创始人和一般员工，拿回该拿的钱。但是，这时能拿回的钱相对于当初的投资额而言，通常就是个零头。

对于创业者来说，公司意味着一切，所以在与风险投资接触的过程中一定要注意，避免风险投资为了免受损失而人为加速公司破产的情况。

公开上市

IPO（Initial Public Offering，首次公开发行），以此种方式，风险投资的股

份通过资本市场第一次向公众发行，从而实现投资回收和资本增值。比如在美国，风险投资在退出时都会选用这种方式。IPO 也有着令人骄傲的历史记录，苹果公司首次发行获得 235 倍的收益。

对于风险投资，IPO 一般也是最佳的退出方式。因为，股票公开发行是金融市场对该公司生产业绩的一种确认。公司的管理层很欢迎 IPO，因为这种方式保持了公司的独立性，同时，首次公开发行的公司还获得了在证券市场上持续筹资的渠道。

售出和股份回购

IPO 要求风险投资在股票首次公开发行后，尚需一段时间才能完全从风险企业中退出，有的风险投资不愿意受到首次公开发行的种种情况，就可能会选择售出或者购票回购的方式。

在退出方式中，出售要比首次公开发行使用的还要多，但在收益率比较低，大约仅是首次公开发行的五分之一。

近年来，随着美国和欧洲的所谓的五次兼并浪潮的发展，兼并在风险投资退出方式中的比重越来越大，作用也越来越重要。

对于风险投家和有限合伙人来说，出售是有吸引力的。因为这种方式可以立即收回现金或可流通证券，也使得风险投资可以立即从风险公司中完全退出。

但是与 IPO 相比，出售对风险公司却没有多大的好处，单利很简单，因为风险公司一旦被一家大公司收购后，由于大公司的介入，公司管理层会受到影响，公司也就不再是一个完整意义上的公司了。

股票回购对于大多数投资者来说，是一个备用的退出方法。当投资不是很成

143

功时就采用这个方式。

股票回购包括两种方法：一是给普通股的持股人以股票卖回的卖方期权，普通股的卖方期权要提前约定估价。二是优先股的强制购回。股票回购是对投资收益的一项重要保证措施。

股份回购对于大多数风险投资来说，是一个备用的退出方法。当风险企业不是很成功的时候，为了保证已投入资本的安全，风险投资便可采用此种方式退出。

清算破产

很多投资者也许不知道，其实大部分的风险投资都不太成功，风险投资的巨大风险反映在高比例的投资失败上。越是对处于早期阶段的风险投资，失败的比例越高。

因此，对于风险投资来说，一旦确认风险企业失去了发展的可能或者成长太慢，不能给予预期的高回报，就要果断地撤出，将能收回的资金用于下一个投资循环。

清算通常是不得已的手段，因为风险投资的风险很大，同时投资收益又必须予以保证，不能及时抽身退出，只能带来更大的损失。

风险投资退出了风险企业，投资开始获得回报。其余的合伙人也可以评估一下他们公司的股票价值增长了多少。实际上，他们可以和私募股权投资基金一同退出，其获得的回报至少会与基金相同，而通常都会更多。

也就是说，只有风险企业赚到了钱，风险投资才能赚到钱。此时，风险企业的价值已经大大增长，甚至可能是成倍的增长。

风险投资也会错过千里马

Bessemer Venture Partners（BVP，股权投资机构）在美国风险投资界具有标杆式的地位，具有极盛的口碑和人气。在近百年的发展史中，他们曾经帮助很多公司成功上市，并获得了巨大收益。

然而，就是这样一家在创业者眼中大热的风险投资，却错过了给 Intel（英特尔）、苹果电脑、eBay（亿贝）这些后来做得风生水起的公司提供诸多项目的投资机会。当初拒绝这些公司的理由不一而足，有的是不满意项目规划，有的是在投资额度上有分歧，最后找了借口把这些公司统统打发走了。

这个案例告诉人们，风险投资并不是百分之百具有精准眼光的，也有看走眼的时候，也有很多投资失败的时候。

只是很少有风险投资会把这些案例坦诚地公布出来。因为风险投资很清楚，一家成功率高的风险投资才会让创业者趋之若鹜，才有更大的概率拿到好项目。

既然再优秀的风险投资都有不能慧眼识珠的时候，所以，创业者假如被拒绝了，千万不要就此放弃，甚至认为自己的项目不好，丧失创业的信心。

同时，风险投资之间的竞争非常激烈。风险投资之间的竞争，其实主要是项目的竞争，毕竟只有把资金投资到好项目中去，才能获得好的投资收益，才能给风险投资的出资人好的回报。只有这样，他们才能继续募集更多的资金，继续从事这个行业。

风险投资之间通常会通过价格大战、品牌效应来争夺项目。有些胆子大、动作快的风险投资，一旦认定这是个好项目，可能不会需要太多的

时间来完成尽职调查等，不到半年的时间就抢先投资进去了。

很多风险投资都会通过自己的关系网络抢夺优秀的好项目。比如一家英国很有名的风险投资，为抢项目被其他风险投资起诉，闹得满城风雨。

越是利润丰厚、高速成长的公司，风险投资之间的争抢就越厉害。所以说，在寻找风险投资的同时，风险投资也在接受好的创业者的挑选。

做得好的风险投资，不断在募集新基金时做大做强；而很多做得不好的风险投资，就慢慢淡出创业者和风险投资圈的视野了。

天下没有免费的午餐，风险投资拿钱给创业者创业，不是只想献爱心帮助创业者完成梦想，它是针对初创和成长期的创业企业进行投资。

如果创业者只有发明专利或创意想法，连一些基本条件都不具备，那就暂时不要把所有的希望都寄托在风险投资身上了。风险投资对风险企业进行尽职调查，之后的每一个步骤都存在否定的结果，如图9-4所示。

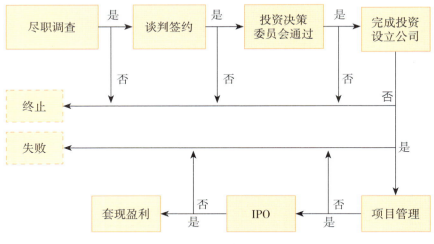

图9-4　风险投资运作示意图

中国的风险投资选择的商业模式并不专注于高科技和新兴行业，相反，一大批成熟风险投资已经懒得多看一眼的行业却成为中国风险投资追逐的目标。

这些被投资的企业都有一个共同的特点：规模较大的传统生产服务行业、

企业已经度过种子期并且能够在短期内（不超过3年）上市。

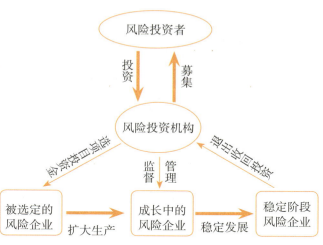

面对这样的企业，风险投资就会很放心地把钱投进去，由于企业本身的规模已经比较大了，所以风险投资注入的资金额也比较大，有些风险投资甚

图 9-5　风险投资资金的运作模式示意图

至会一次性投入上千万美元的项目，或者很快就可以上市的项目。风险投资的动作模式如图 9-5 所示。

炙手可热的好项目自然不会被放过，但是风险投资喜欢观望和比较，所以较多的风险投资会给出一个模棱两可的答案，他们最希望的就是创业者一直对他们抱有希望，而不会转向其他风险投资。

如果风险投资知道创业者还有其他选择，他们会说出很多动听的话，比如："请您等我们的消息，给我些时间募集资金。""对不起，我们需要多一点的时间对你们的创意进行进一步的调查。"

就算已经投资，过了几年之后，如果风险投资看不到一个好的发展，就绝不会同意给创业一个缓冲时间，风险投资同样要给资金的出资人一个说法。所以，风险投资很可能会选择让公司关门。

中国的风险投资是很保守的，他们中间的大部分人都在做私募股权投资工作，不太容易看中还处在初创期的企业。

风险小的投资，容易让风险投资获得成功案例，这对于他们在风险投资圈生存是很有帮助的。成功案例示意图如 9-6 所示。

优秀的风险投资由于其合伙人有广泛的行业关系和丰富的企业管理经验，确实能够为被投资企业提供很多增值服务，但是也有很多风险投资的增值服务只体现在口头的空谈上。

图 9-6　成功安全示意图

很明显，有些风险投资的合伙人数量很少，而一年的投资项目却有七八个，如果给风险企业都提供所谓的增值服务，这么少的人手是无论如何也做不到的。

所以，大部分风险投资并不会天天监控风险企业的日常事务，在大多数情况下是这个企业已经快到了经营不善的地步才会干涉一下。

风险投资有时也会骗人

风险投资是一个鱼龙混杂的行业。中国的风险投资刚开始会去遵守很多风险投资行业的基本准则，但中国的风险投资市场是很不成熟的，有些风险投资已经变得不那么守规矩了。

那么，那些危害到底表现在哪里呢？如图 9-7 所示。

商业机密外泄

商业机密的外泄已经不是一个新鲜的话题了，比较有创业经验的人在寻求融资的时候会试图同风险投资签定保密协议，这样风险投资在做一些小动作时就会被掣肘。

但是，精明的风险投资会找出种种托词，比如他们会告诉你自己守信用并且不会泄露与

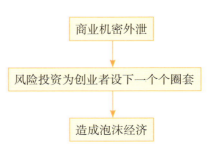

图 9-7　风险投资危害示意图

你的创意有关的任何机密。

事实上，因为有些风险投资可能很喜欢你的创意，但是你的现有条件并不能达到他们的心理价位，所以，他们会考虑拿你的创意给条件更好一些的人去做。

风险投资公司是有限合伙制度的，他们中有一些人从前也是创业者，所以对企业发展前景的把握比较精准。

假如他们看好，就可能会鼓动其他合伙人给这个创意（或者商业模式）投资，然后自己去做创业者。

因为风险投资的手里有资金，所以，他看到的不只是一家公司的商业计划，也可能他对某个创意或者项目很感兴趣，然后把手头能够集中到的相关相似的idea集中起来，拼成一个最佳组合模式，拿去挣钱。

目前中国的相关法律并不是很完善，很多创业者不甘心吃哑巴亏，不惜消耗精力去起诉风险投资，但是最后获得的补偿却微乎其微，甚至有的公司根本不会赢，反而被风险投资反咬一口。

因此，很可能就在此期间，你的公司可能已经受到影响，没办法正常运营，而剽窃你创意的那家创业公司已经拿着你的项目成功地开拓了市场、顺利上市，最后帮助风险投资赚了很多钱。

风险投资的"圈套"

风险投资的世界，可能不像创业者想象的那么充满光明和公正。

对于创业者来说，绝大多数的条款会看得你眼花缭乱，如果你自己不懂，

149

风险投资不会耐心地给你一条条解释清楚。

风险投资在与创业者会晤的过程中会充分利用自己对行业的了解为创业者设下一个个"圈套"。要知道，风险投资具有很丰富的投资经验，会对一系列的投资条款精心设计，而创业者却如堕五里雾中。

举个例子，有些风险投资可能拿"独家协议"控制你，他会要求你先签署，然后才会正式对公司进行尽职调查和投资协议谈判，如果你签了，在这段时期你就只能跟这一家风险投资保持联系。

但这家风险投资还可以继续考察你是否有更优秀的竞争对手，如果风险投资发现竞争对手更好，那么你的公司就被放弃了。

还有很多条款，背后都有潜在的风险，创业者只有真正掉进陷阱才会发现，但为时已晚。

现在市场上有很多打着风险投资旗号的骗子投资机构，有不少创业者，为了成功融资接触多家风险投资，缴纳各种名目的费用甚至花了几十万元，但是最终因各种原因被所谓的投资机构一一拒绝，而钱已经回不来了。

骗子风险投资大多数在八字没一撇的时候就会让你交各种费用，理由还都很充分，这些费用一般都定得比较高，都要求创业者来买单。就这样，你的钱就没了。

还有的风险投资会拿着五花八门的所谓的高回报"项目"，给投资基金的出资人画饼充饥，然后就开始民间融资，从那些有钱但完全不知道风险投资是怎么一回事的老板手中骗钱，如果手段足够高明的话，他们甚至可以把银行贷款、政府担保和无偿资助搞到手。

造成泡沫经济

风险投资过分关注某个行业，还会造成泡沫经济。如果某一家公司瞄准了一个新的利润增长点，一部分眼光独到的风险投资抓住时机投资赚了很多钱，引起了其他创业者和风险投资的眼红，争相模仿，争相投资。这些新公司的竞争，导致生产成本也水涨船高，但是市场还是那么大，出资购买这一项目或者创意的出资人拿出的钱基本和原来保持一致，结果可想而知。

风险投资的肆无忌惮很可能会给创业者的公司带来不好的影响，并且严重的话会给整个行业造成不利后果。

对社会的影响

风险投资的最终目的就是挣钱，由于利字当头，很多风险投资是缺乏公益心的，对于风险企业拿原料制成什么产品，这些产品投放市场、客户使用了会有什么后果等根本不关心，只要能够赚钱就来者不拒。

很多风险投资只要能够拿到钱，并不关心他所投资的项目到底是不是会造成社会公害，会不会对人产生不良影响。

作为小微企业的创业者，不仅要了解风险投资，而且在寻找风险投资要发生，要权衡利弊，选择适合自己的风险投资，从而使企业得到真正的发展。

第10章 商业计划书敲开风险投资大门

优秀的商业计划书，是敲开风险投资大门非常关键的一步，因为风险投资每天都要接收数量可观的商业计划书，其中只有约十分之一会令风险投资略感兴趣，风险投资会对你的项目感兴趣吗？会约见你吗？风险投资究竟想从商业计划书中得到些什么？什么样的商业计划书才是成功的呢？

商业计划书的主要内容和构成形式

从国内外风险投资发展的经验来看，创业者是否有一个很好的商业计划书，对于能否成功地吸引风险投资是极为关键的，因而，良好的商业计划书往往被称为创业企业吸引风险投资的"敲门砖"或"金钥匙"。

商业计划书通常是创业者为了达到对外融资的目的编写的，商业计划书的作用是把创业者的思路落实到文字上，将创业者的奋斗征程描述给风险投资听，让风险投资被创业者规划的蓝图和已经取得的成绩打动，觉得给这个创业者投资是一个可以获得很好投资回报的机会。

那么，按照编写顺序，商业计划书的基本内容都有什么呢？具体内容如图10-1所示。

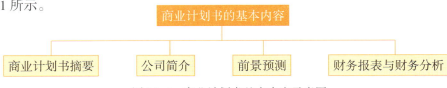

图10-1　商业计划书基本内容示意图

商业计划书摘要

商业计划书摘要是风险投资首先要看的东西。它列在商业计划书的最前面，浓缩了整个商业计划书的精华。

如果说商业计划书是敲开风险投资大门的敲门砖，是通向融资之路的铺路石，那么商业计划书的摘要可以被看作点燃风险投资对创业者的投资意向的火种，是指引风险投资进一步阅读商业计划书全文的灯塔。

商业计划书摘要首先要说明创办企业的新思路、新思想的形成过程以及企业的目标和发展战略。

商业计划摘要交代企业现状、过去的背景和企业的经营范围。在这一部分中，要对企业以往的情况做客观的评述，切记不要回避失误，更不能刻意隐瞒。中肯的分析往往更能赢得信任，从而赢得风险投资的认同。

最后，还要介绍一下创业者自身的背景、经历、经验和特长，等等。创业者的素质对企业的成绩往往起关键性的作用。在这里，创业者应尽量突出自己的优点并表示自己强烈的进取精神，以给风险投资留下一个好印象。

公司简介

风险投资最终决定对创业者投资与否，很大一部分取决于整体团队的素质。创业者在运营这家公司时需要什么人来管理，需要付给他们多少报酬，等等。

在这个部分中要尽量客观地介绍公司的现状和未来。从总体上讲，风险投资需要了解的核心是创业者的创意或者项目的独特性，以及这一独特性对公司未来盈利前景带来的动态影响，即创业者要让风险投资确信公司在整个行业中竞争取胜的关键因素。

在公司简介中，一定不要忘记详细介绍管理团队。对于任何企业、任何人来说，同事之间的相互配合都是不可或缺的事情。

商业计划书要对企业管理团队状况做一个全面的概括，包括董事、监事、经理及其他关键人员（如核心技术人员）、融资需求及相关说明。

公司简介指你的公司要做什么，是一个什么样的公司、不是一个什么样的公司。如果有大量的事情你都要去做。那就太宽泛了。因此要规定你不是一个什么样的公司。

一般来讲，风险投资可能赋予管理人员 15%~20% 的股权，目的是给他们一个鼓励，促使他们尽力发展这个公司，同时他们的工资就会略微降低，因为他们获得了股权的薪酬。

比如，许多做得非常成功的 IT 公司在起家时通常是由三个人创立的，其中一个人是技术方面的，第二个人是负责融资的，第三个人是通晓市场营销事务的，这样三个不同背景的人组成了一个相当具有竞争力的团队。

前景预测

很多风险投资都希望从商业计划书中看到这样的内容：市场和行业的竞争如此激烈，那么你的想法在市场上能否奏效呢？这个市场发展有多快？这是一个集中的市场，还是一个分散的市场？你的目标市场是什么？

一般而言，美国的公司和中国的公司有很大的差别，中国的公司认为它需要向每一个人提供自己的产品和服务才能够获得成功，而美国的公司则会认清自己的目标市场，然后为特定的目标市场提供专门的服务。

美国某公司生产一种新型的椅子，专门针对大家庭的市场。因为这种椅子使家庭清洁起来十分方便。于是他们在确定目标市场时，就提出一个问题，在美国的城市里有多少 4 个孩子以上的大家庭呢？

通过调查，他们发现在盐湖城等四个城市拥有数量最多的大家庭。于是这个公司把它的产品主要向这四个城市推出，结果非常成功。

在商业计划书中要尽量明确地指出你的目标市场是谁，这样会让风险投资觉得你能够针对你的目标市场展开营销活动。

在商业计划书中对销售目标做出的预测，一定要让风险投资觉得比较可信，既不能词不达意又不能过分夸张。

假如你研发了一款新型空调，准备投放美国市场，你在商业计划书中定出的销售目标是2亿台，风险投资根本不会相信。因为这就意味着几乎美国每人每年都要买一台你的空调，谁都知道这不现实。

市场具有很多的不确定因素，尤其是涉及生产和销售的方面，风险投资都希望在商业计划书看到对任何生产不确定因素的说明。

在进行市场销售预测的基础上，你应当对公司的偿还能力进行一个简单的说明。这就是说，你应当分析企业是否有足够的清偿能力。

风险投资并不是每次都能获益的，这样就可以使风险投资确认，如果企业遇上麻烦而不得不破产时，他们投入的资金还能收回多少。

市场分析明确了，那么你的创意将在市场上如何运作呢？有什么依据呢？你应对本企业以前经营状况和项目前景进行综合分析，给风险投资一个明确的大纲。即根据企业的财务数据，描述企业最近几年来的财务状况，包括净利润、成本费用等，并将这些数据归类，使风险投资公司可以清楚了解企业的经营状况及未来发展前景并做出自己的判断。

对市场销售做出准确的分析预测，能够保证风险投资对未来自身的收益和好回报做出较为精准的判断。所以企业应当向风险投资描述最终投资退出的途径。

对于前面提及的风险投资公司收回投资方式，企业也应当从自身角度看待投资退出的问题，尤其是不同退出选择对企业的影响，并尽量在商业计划书中做出一个详尽的分析。

财务报表与财务分析

财务报表对一个需要融资的创业者来说是十分重要的。

通常，财务报表包括合并资产负债表、利润表、现金流量表以及表外项目。通过财务报表，风险投资可以了解企业的财务比率、经营成果、偿债能力、应收应付账款、或有负债等事项。

商业计划书应当详尽描述投资后 3 ~ 5 年企业的销售数量、销售额、毛利率、成长率、投资报酬率预估及计算依据。

最好是做出五年的财务计划以及一份针对未来一年的详细的月度现金流量表进行说明，使风险投资能够大致掌握企业的现金流量走势，为价值评估和下一步审慎调查打下基础。

这一部分怎么强调也不为过。财务计划并不仅限于财务方面，还包括许多重要内容。这是商业计划书中最花费精力的部分，因为它需要大量翔实的数据和准确的分析。

比如，财务数据预测（销售收入、成本费用、薪金水平、固定资产、明细表）以及资产负债表和利润及分配明细表、现金流量表等，都应是真实准确的。

财务指标分析能够反映财务盈利能力的指标、财务收益率、投资回报期限、投资利润率、缴纳税费、资本金利润率以及不确定性分析、盈亏平衡以及敏感性分析等。

在撰写这部分内容的时候，所需要做的工作和注意的细节问题就更多了，这是一个比较耗费精力的工作，所以创业者要做好充分的思想准备。

张强和王娜研究生毕业后准备创办一家互联网公司。在进行融资准备的时候，他们全力拟定了一份客观出色的商业计划书。在财务分析部分，经过慎重考虑，他们明确地写出他们现在的收入还是以广告为主，并且说明每年的广告费是多少，怎么卖广告，广告的价格是多少，把广告卖给谁，怎么投放广告，同时还结合自己网站的客户群估算访问量，从而得出合理的收入。

至于成本费用，主要包括租用服务器的费用、市场营销费用、房租水电的费用、人员工资等费用，让风险投资在看到商业计划书的这部分内容时对公司的财务状况以及规划一目了然。由于张强和王娜的商业计划书做得好，因此很快吸引了好几家风险投资的注意。

由此可以看出，做好商业计划书很重要，尤其是一个好的财务模型更是十分重要的。

这就是说，创业者要想建立一个财务预测模型，要注意的问题主要是假设条件要合理，要经得起推敲。

这些假设条件主要包括公司的收入结构、成本和费用结构等。不同的行业会有不同的成本费用支出，但是，要求这些假设的条件要合理，要经得起推敲。

一个合格的财务模型要建立在客观的基础上，创业者不能为了追求融资的成功而盲目夸大，那样很可能会适得其反。

这些内容整合在一起，就是要给风险投资这样的印象：我手中有一个独特的创意，只要有足够的资金支持，就能够在某一个行业创办起一个相当具有发展前景的公司。这个公司在涉足这个行业之前已经取得了骄人的成绩，它是由一个具有能力的团队创立和管理的。

创业者需要用详尽的财务数据告诉风险投资，要实现预计的发展目标，公司当前还需要多少外部资金支持，这些资金主要是做哪些事情。

撰写商业计划书注意事项

我们前面已经介绍了商业计划书的基本内容和格式，所以为了确保你的商业计划书能够引起风险投资者足够的注意力，你必须事前进行充分周密的准备工作，不要败在细节上。

用产品和服务说话

无疑，优良的产品和服务是赢得投资者青睐的最核心因素，是赢得市场份额、让投资商盈利的保证。

一定要告诉投资商，你的产品正处于什么发展阶段，属于哪种性质，是研发性质、生产性质、分销性质，还是服务性质，该领域目前的情况如何，它的市场前景如何，它有什么与众不同的价值，企业是否有独特的推广产品的营销策略，等等。

另外，谁会使用这种产品，为什么？产品的生产成本是多少？售价是多少？相关服务能否跟进？企业发展新的现代化产品的计划是什么？这些都要写到。

市场竞争

当在做市场分析和销售预测的时候，你要做到客观公正地分析在目前市场上要面对的所有竞争者的优势和劣势，他们的产品如何，使用什么销售策略？目前占有多少市场份额。因为没有哪个风险投资相信一个火爆的商机会没有竞争者。

在此基础之上，要详细地向风险投资展示你的企业相对于每个竞争者所具有的差别性优点，要使风险投资相信，你的企业是行业中的有力竞争者，独具的竞争优势必将在可以预见到的时期内使你成为这个行业的"领头羊"。

另一面，注意阐明竞争者给你的企业带来的风险以及你的企业所采取的对策。要知道，当一个创意或者新的投资项目从你的大脑中萌发时，它并不是存在于真空中的，要把你的创意或者投资项目付诸实施是要下一番功夫的。

明晰市场每一个小细节

对于市场的规划，实际上是一个宽泛的概念。在这个部分，要提起注意的是需要细致分析经济、地理、职业以及心理等因素对消费者选择购买你的产品的影响，列出广告、促销以及公关的地区及活动的预算和收益，并告诉风险投资，你将会根据市场变化如何采取科学的营销计划。

总之，要尽量提供一份简洁完整的营销计划给你的风险投资。比如，面对市场的时候是不是会选择销售代理商等，关注销售中的所有细节问题才能够让你立于不败之地。

明确的行动方针和筹资需要

一个制定完善的市场行动方略，能够在激烈的市场竞争中达到事半功倍的效果，而比这更重要的就是坚决的执行和完美的服务。

再好的计划，也需要良好的执行计划和实践能力，需要具体到人，具体到产品生产、销售和服务的每一个细微环节。

比如，产品的组装是否采取流水作业，生产原料的供应是否充足，是否建有自己的生产园地，扩大生产资源会不会增加企业生产成本，等等。

你要明确告诉风险投资，要完成这个行动计划你需要多少资金，你在什么时候需要这些资金，有的风险投资希望能逐渐投入这些资金，而不是刚建立公司就大量投进去。

作为一个创业者，你在选择风险投资时要非常谨慎。在今天，金钱已经成为一种商品，你在任何地方都能得到这种商品，但是更重要的是金钱以外的东西。

实际上风险投资不仅仅能带来资金，他们还能带来像政府关系和技术这类服务，所以你在一开始就要想清楚你要风险投资给你带来什么。

详细的团队介绍

风险投资将会非常关注"人"的因素，即你的风险企业中管理团队的情况。因此，商业计划书要尽量地向风险投资展示管理团队的风貌，主要的关注点有如下几个方面的问题：

创业者是否是一个领袖式的人物，具备应有的素质？这个管理团队的信念是否坚定，目标是否一致，是否具有强大的凝聚力，从而始终努力地追求事业成功？团队的市场战斗力如何？是否非常熟悉市场和善于开发潜在的市场？

同时为风险投资附上明确的管理目标及组织机构图，介绍一下整个管理团队及其职责，管理人员的特殊才能、特点和造诣，管理者将对公司所做的贡献，等等。

风险投资最关心的问题

为了确保商业计划书的作用发挥到最优，作为创业者，你要在最终完成之后要记得检查一遍，看一下该计划书是否能准确回答风险投资的疑问，主要包括以下几方面：

（1）这份商业计划书是否显示出你具有管理公司的经验，这是风险投资十分关注的。如果你自己缺乏能力去管理公司，那么一定要明确地告诉风险投资，你已经聘请了一位具有丰富经验的 CEO（首席执行官）来管理你的公司。

（2）商业计划书是否显示了你有能力偿还借款，要保证给目标风险投资提供一份完整的比率分析。

（3）商业计划书是否显示了你已进行过完整的市场分析，要让风险投资坚信你在计划书中阐明的产品需求量是确实的。

（4）商业计划书要注意从风险投资角度出发，容易被领会。商业计划书要在前页配备索引和目录，以便风险投资尽量便捷地查阅各个章节，并且着力保证目录中的信息流具有逻辑性和现实性。

（5）一定要把计划摘要放在最前面，尽量用简洁流畅的语言表达完整内容。

（6）不要忘记检查商业计划书的语法、拼写是否完全正确。否则商业计划书的拼写错误和排印错误能很快地使风险投资对你的印象分大大降低。

（7）商业计划书是否能够打消风险投资对产品服务的疑虑，如果需要，你可以准备一件产品模型。

如果经过反复检查，你仍然对你的商业计划书缺乏信心，那么可以考虑去查阅一下相关的商业计划书编写指南或者向专门的顾问请教，也能收到良好的效果。

特别提示

编制一份成功的商业计划书是众多创业者首要解决的问题。商业计划书如果不够好，创业者就只能把股份留给自己了。

商业计划书的摘要更是重中之重

一个风险投资公司每月都要收到数以百计的各式各样的商业计划书，每个风险投资家每天都要阅读几份甚至几十份商业计划书，而其中仅仅有几份能够引起他进一步阅读的兴趣，更多的则被弃之。

前面已经无数次地强调过了商业计划书的重要性，它的每个部分都需要你去审慎地对待，尤其是商业计划书的摘要更是重中之重。

为了确保你的商业计划书能够引起风险投资足够的注意力，你必须做好商业计划书摘要

避免忽略商业计划书的重要作用

避免商业计划书简单化或过度策划

别让你的计划书只迎合投资者

部分。是否能够在 3 分钟内吸引到风险投资人的眼球，抓住风险投资人的注意力，以及风险投资人是否约创业者见面，摘要部分是关键中的关键。

事实上，风险投资最想在摘要中发现你的公司的独特性，这种独特性包括公司技术、商业模式以及公司为什么能够成为行业中的老大等，这也是决定风险投资是否会仔细看下面的详细商业计划书和创业者介绍的关键。

商业计划书不可过度策划

有些创业者因为没有经验，在撰写商业计划书时会把商业计划书视同一般的工作计划和项目建议书。而有的创业者则过分追求商业计划书的策划，使得其中夸大的成分过多，为今后风险投资的考察留下很多必查内容，却又经不起风险投资的推敲，就此失去大好机会。

明白了商业计划书的重要性，还要了解商业计划书的编制理念，这就是：首先是为客户创造价值，没有客户也就没有利润；其次是为股东提供回报；最后是作为指导企业运行的发展策略。

在商业计划书的内容设计上，除了摘要之外，对于风险投资来说，一份好的商业分析报告要阐述公司整个运营情况，涉及众多的内容，但必须遵守的重要原则是实事求是，切忌虚假内容。很多风险投资都说，如果在商业计划书中发现虚假的陈述，就会彻底否决这份计划书。

有时，人们会因为自身的狂热，而在描述某个创意是一个好想法时会失去判断能力，当然有些东西又的确需要热情渲染。这就需要掌握一个动态的平衡，尽可能让语调显得客观，以使风险投资可以仔细掂量。

像广告一样的商业计划书并不能起到很好的吸引风险投资的作用，反而会引起别人的逆反心理，它会引起读者的怀疑、猜测，进而使他们无法接受。创业者在做商业计划书时，要避免过度包装，否则就会事与愿违。

举个例子，假如说创业者需要融资 500 万元，那么，在商业计划书里不要把它写成 1000 万元，因为这可能会招来风险投资的反感，觉得创业者就是在聚拢资金，对融资是不利的。

反过来，如果需要 500 万元写成要 200 万元，风险投资就会怀疑这到底是为了创业，还是用一下钱救急而已。这些创业者都应慎重考虑。

在融资计划中，要用多少钱、用在哪里、如何用，客观地叙述很重要。

实事求是的结果就是，风险投资可以分批投入资金，比如第一年投 500 万元，第二年觉得不错的话，可以追加 500 万元，创业者按照这个方案来设计，公司的发展过程是逐步融资，这样更能体现创业者的诚信。

的确，创造财富的整个概念不是一种思想，而是竞争的过程。比赛规则就是优胜劣汰，在这个竞争之中，每个创业者都应该谨记"别做赢不了的事情"，但是这里的"别做"就是过度策划。

商业计划书不能一味迎合风险投资

在大多数创业者明白了商业计划书的重要性之后，其中一个很大的误区就是认为只要策划方案能抓住投资合作者本人就可以了，大可不必考虑其他人的想法、看法和做法，只要那一个人点头就能拿到融资"许可证"。

假如风险投资首先的联络人对你的商业计划书感兴趣，通过投资决策还要经过风险投资的管理层等一系列步骤，获得联络人的认同只是万里长征的第一步。

通过前面的介绍我们已经了解，商业计划书是创业者寻找风险投资的敲门砖，一份好的商业计划书是创业者在寻求到风险投资的支持后，能够基本顺利实施的项目操作计划。如果只是写给风险投资看，那一定经不起推敲。

商业计划书一定要实事求是地介绍创业企业目前以及原来的状况。创业者千万不要为了迎合某一风险投资，而修改财务报表，这样会使你丧失机会，风险投资看重的是企业的未来前景，而不是眼前，当然以前的财务报表会起到一定参考作用，但不是绝对的。

第11章 包装创业项目，打动风险投资

假如风险投资对你的商业计划书有兴趣的话，就会组织对你的企业进行进一步的考察，一个富有特色的项目才能成功吸引风险投资的注意力，这是融资的一个很重要的环节，否则商业计划书做得再好，也难以获得最终成功。对于刚起步的创业者来说，如何将创业项目进行得体的包装，成功获得风险投资的资金是一件非常重要的事情。

项目包装：麻雀变凤凰

假如你只是把融资的所有资料在网络上一放，那么估计等多久也无人问津。俗话说："好酒也怕巷子深"，创业者想成功融到资金，就需要给自己的项目做个完美的包装，才会引起风险投资的注意。

项目包装，通俗地说，就是使用一些恰当的手段为你的项目"造势"，告诉风险投资你的项目竞争力在哪里，有多大的优势，你的项目可以让风险

投资获得丰厚的回报。

从一些成功融资的企业的发展历程来看，他们有一个共同点，就是都十分注重项目的包装，把项目包装看成成功融资的重要因素。

创业者对如何包装项目、项目包装的基本方法一定要有一个清晰的认识，对项目进行良好的包装是能否成功融资的重要因素，绝不是一个可有可无的过程。

对项目进行包装，就是要对它的各种要件的充分准备和尽可能地完善。比如名称、外观、环境、采用的材料等不一而足。

对项目进行包装不是一个简单的问题，它要求创业者在创新性、独特性、科学性和可行性四个方面都要做得出色。

因为项目离不开包装，要想取得良好的经济和社会效益，只有做到了这四点，才能够让你的项目"麻雀"变"凤凰"。

创业者要对项目进行恰当的包装，就是要对项目的内容、功能、价值进行恰当的反映。

有的创业者羞于包装，认为包装就是"炒作"。实际上，"包装"与"炒作"在动作上并没多大的差别，关键是那个适当的"度"要掌握好，对项目的包装最好能做到尽善尽美，如果包装得不彻底，对比起来暴露的部分会更显得丑陋。

这就是说，项目包装要特别注意适度原则。这个原则也是风险投资对项目考察的重点。包装不足与包装过度，都会影响项目的价值，"麻雀"不仅没有变成"凤凰"，反而会弄巧成拙。

所以，创业者对项目的包装要建立在对自己的项目足够自信的基础之上，并把这份自信通过一个合适的、理性的包装手段展示出来。简单地说，就是通过包装把自己的项目打扮得更吸引目光，也会让风险投资看到后有足够的信心去相信你的项目能够盈利。

项目包装的核心内容

要做好项目包装不能一拥而上，看到项目的某一个方面就急急忙忙开始打扮它，其实，创业者可以选择把项目区分为若干层面。

这样一来，就能针对每个层面不同的特点以恰当的形式使项目的优势展示得更加充分，更好地供投资商认识项目意义，从而提高企业在风险投资心中的印象分。

所以，要做好这个工作，创业者在对项目进行包装时可以从产品技术包装、企业包装、创业团队包装和财务计划包装这四个层面入手。

产品、技术包装

项目包装还可以抓产品这一项，每个创业企业都需要打出自己的品牌，产品包装就是通过对核心产品表述和形式产品改观等方式来提升产品的价值。

任何项目都需要一定的技术支持，对项目所采用的技术进行包装是一个最基础的层面。在这个层面上，可供包装的亮点主要是技术来源。比如项目所采用的技术是从哪里来的，它的创始人是谁，以及项目所采取的这项技术在本行业内具有什么样的地位。技术是无形的，经过包装就变得有形了，变得鲜活了。

技术包装其实就是把项目所用到的技术的实用性和先进性体现出来，比如可以包装技术名称、技术来源，以及技术地位、技术效果，等等。

举个简单的例子，院士的发明与技术员的发明相比较，两者的声望也会相差巨大，不能同日而语。

因此，对技术层面的包装要学会"类比借势"，比如你研发了一项新的酿制葡萄酒的技术，需要拿到风险投资的启动资金将它投向市场，而在葡萄酒酿造这个领域，法国所具有的地位是无可比拟的，如果某某葡萄酒源自法国，那么这种酿造技术给人的先进感不言而喻。

那么，这样一来，你就可以告诉风险投资，你的产品就是"源自中国的波尔多"，若宣传得到社会认可的话，自然实现了借势的目的。

再有，一项技术在行业或者科研领域得到认可的程度也需要在包装中体现出来，比如在中国，"863项目"是国家重点扶持项目，其技术先进性是众所周知。

所以说，如果创业者手中的待开发的项目归属这一类，一定要在项目包装策划书中给出一个明确的、显眼的位置，这样可能更容易得到风险投资的认同，如图11-1所示。

技术 → 出色的包装 → 吸引风险投资 → 获得融资

技术是创业者的一项无形资产，经过包装可以活灵活现地呈现在风险投资面前，好的包装方式更容易被风险投资理解，同时一些原本隐藏在项目内部的优点就变得更容易为人所

图 11-1　技术包装示意图

知，这对创业者成功获取风险资金、开拓市场是相当有利的。

企业包装与创业团队包装

项目包装必不可少的是对创业企业的包装。所谓企业包装是对企业属性的社会价值的塑造，也就是说，如果投资这个企业，让它成长起来，能够对风险投资、对社会有什么样的有益的影响。

在对项目分层面包装的过程中，对企业创始人及创业团队的包装同样重要。在这个层面里需要包装的是企业领导人及创业团队的形象、资格、地位。如果能够在风险投资的心目中树立一个优秀的创业者和创业团队形象，就可以加强项目的实用价值感。

财务计划包装

在做项目包装的时候，财务计划包装是非常核心的内容。关于这点不需要花枝招展地装扮，清晰、准确的、具有可行性分析的数据就是最好的包装。

创业者要明确你要重点告诉风险投资，你希望得到多少资金，以及你现有多少资金，这些资金里面其他投资人各占多大比例。要把这个重点包装好，可以编制一份资金筹措表、总投资费用预算表以及设备投资估算表，如图11-2所示。

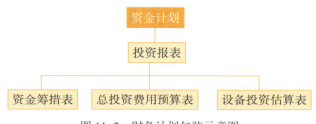

图11-2　财务计划包装示意图

财务预测是财务计划包装中很重要的一部分，同样，真实可靠的数据就是对项目最好的装扮，比如客观的折旧率、经营收入、经营成本、需缴纳税金以及投资期限、净现值、投资回报率等财务方面的估算。

策划书中的财务计划如果包装得好，就可以让风险投资明白你的资金需求是多少，对于这个项目创业者最倾向什么样的合作或管理方式。

此外，财务预测还包括项目前期推进情况：是否立项，经过哪级立项，有没有得到国家级或者省级专项资金的扶持，前期资金是否到位或能不能得到有关金融部门意向性支持等。

综上所述，无论是技术产品包装、企业包装、还是领导及创业团队包装、财务计划包装最终目的都是要展现出项目的优势所在，要对风险投资形成强烈的吸引力。

包装步骤

项目包装共有三个步骤。

第一步是确定包装内容和明确包装形式，即解决包装什么的问题以及怎么选择包装物与怎么包装最好的问题。

第二步是确定演示对象，就是要明确项目包装完成要向谁展示。

第三步要做到项目推广，不要浪费项目包装花费的精力，要让这个已经焕然一新的项目成功地为你打开投资的大门。

在这三个步骤中，第二步最关键。选择什么作为包装物以及如何包装，取决于交易环境的需要，也就是说，市场认同什么就用什么作为包装物。

有的创业者或许会产生疑问：项目推广难道也需要包装吗？项目推广难道也是包装的步骤之一吗？答案当然是：项目推广也是重要的包装内容。

包装是手段，但不是最终目的。好项目终究要拿给风险投资、推向市场，其实，对项目的推广过程也是一个对项目的包装过程，那么，接下来就要通过网络、媒体、专业的风险投资联络人等多种渠道，向风险投资大力推荐。

当对项目的推广环节的包装也完成之后，创业者还要继续做好项目包装相关的跟踪了解。通过提供企业重组和改制、市场调研、公关策划、工商税务咨询等全方位的管理咨询服务，比如这个包装方法是否达到了理想效果，发挥了多大作用，这样可以找出优势与不足，纵然失败，也可以帮助创业者在下一轮竞争中提升竞争力和盈利能力。

微小企业对项目包装的过程就是吸引风险投资的过程，一个从项目开始包装到融资成功，最终实现项目才是与风险投资的双赢。

小微企业创业者需要注意的是：虽然了解自己的产品、自己的项目，但是毕竟不太可能具备完备的项目包装的知识和经验，如果没有十足的把握，就应该考虑聘请专业人士来做这项工作。

包装项目注意事项

很多经验丰富的风险投资都反映过这样一些问题，对照成功项目包装融资的特点和国际通用标准，在中国不少创业者的项目包装普遍存在问题。

例如，缺乏科学的财务测算，只是列出了一些枯燥的数字，缺乏深入的可行性研究，大谈特谈本企业的项目优势，却没有和其他竞争项目的宏观比较；语言文字、格式花样百出，未能"同国际接轨"。

对项目进行合理的包装，这不单纯是为了吸引风险投资，同时也是企业形象的展示过程，对创业者、守业者都很重要。

项目包装得好坏直接关系到是否融资成功。要确保项目包装融资的成功，应该注意如下几个方面，如图11-3所示。

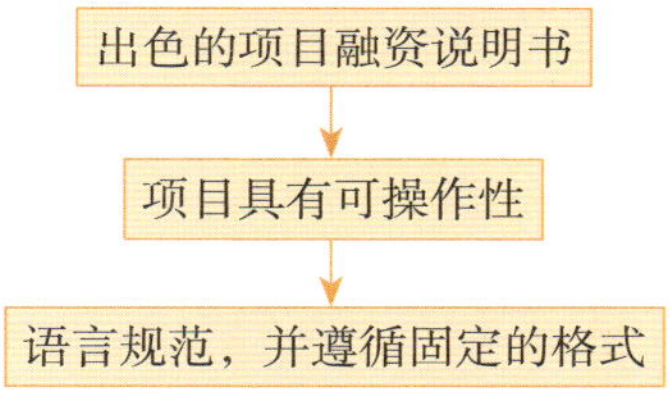

出色的项目融资说明书

↓

项目具有可操作性

↓

语言规范，并遵循固定的格式

图11-3　项目包装注意事项

出色的项目融资说明书

一个项目要想合理包装并最终达到融资目的，就必须具有一份出色的项目融资说明书。项目融资首先是让项目吸引人，要让风险投资看到投资前景、认识到有一个良好的适于投资的环境，特别是对投资风险的论证。

因此，一定要站在风险投资的角度去编制项目说明书，突出项目特色，缺乏独特性的项目说明书很难将风险投资的注意力吸引过来。

创业者在编写项目说明书时，要注意项目说明书强调亮点和特色，拿不准的地方要请教专业人士，尽量不要走程式化的路子，对于这些东西风险投资是没有新鲜感的，也是不吸引人的。

项目说明书要有强烈的市场意识和回收保障，就是说创业者不要笼统地给风险投资表述投资环境，最好是针对项目本身和投资环境进行论述，如图11-4所示。

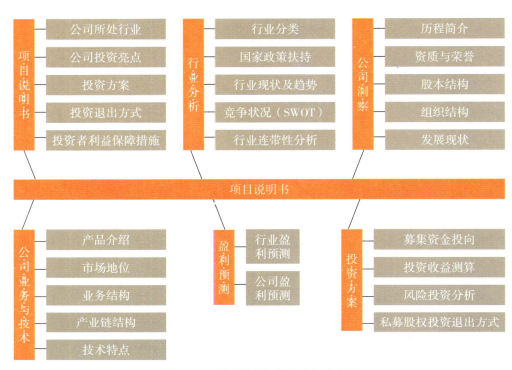

图11-4　项目说明书表述要点示意图

创业者可以提出一些意向性项目，比如，产品的二次开发、技术的升级、海外市场的提供、品牌的使用、工业设计等，还可以将无形资产和知识产权作为项目的交易。除了文字以外，图片、实物以及声光电技术都可以运用到展示当中，但不宜太豪华复杂，否则过分冗长繁复的陈述可能会让风险投资厌烦，进而失去…兴趣。

项目具有可操作性

这就是要求创业者在进行项目包装时，要拿出精准、科学的数据来，对项目的经济效益进行科学论证。同时，由于项目包装建立在市场预测的基础上，因此对项目进行可行性分析的结果不可能达到绝对准确。

但是，一个好的包装项目，其论证结果必须达到一定的精确度。为此，进行项目包装时，创业者必须坚持实事求是的原则。这与项目的科学性与可行性是紧密相关的。

尤其创业者提供的数据资料要真实可靠，据理论证，公正客观，那种故意缩小投资风险的包装方式，会成为之后和风险投资合作的不稳定因素，对企业的发展有害无利。

项目的可行性是十分重要的，就是说要有可操作性，否则只会"匆匆而来"又"匆匆而去"。这个项目的创意再好，技术再新，不具备可行性也只是空谈，根本不在风险投资的关注范围之内。

为此，项目包装应认真做好市场需求预测，充分考察项目产品的国际国内市场供求情况，对未来企业产品的销售前景拿出一个有实际效用的报告来。

做好项目的技术可行性分析，以经济效益为核心，采用动态和静态两种分析方法，提出投资项目可行或不可行的结论以及多种供选择的方案。

语言规范，并遵循固定的格式

项目包装的程序、内容、语言、格式要有一定之规，能够准确描述出的经济要素都应进行规范的分析和计算，将有关工艺技术方案、工程方案、环境方案等经济价值用定量表现出来。

创业者要注意语言文字的规范化，语言文字是项目包装中影响信息沟通的主要因素，因语言处理不当常会碰到麻烦。

假如你要吸引外国一家风险投资的资金，你把包装好的项目展示给他看，那么你就要注意到，词意是否会不同，这就要求在翻译或交流过程中，注意规范用语，准确反映并表达项目的真实状况。

对项目进行包装固然讲求实用又好看，但是也有固定的格式，包装格式要符合特定项目的要求。

世界一些重要的国际金融组织如世界银行等，都把项目包装作为申请贷款的必要条件，国际上对不同种类的项目基本上形成了固定格式，为此，项目包装应严格遵照有关格式要求。

创业者在进行项目包装时，要参考通用标准范本、检查确认格式无误，从而有利于融资的成功。

第12章 征服风险投资的核心技巧

在与风险投资接触的过程中，创业者一定要了解风险投资更青睐什么，究竟怎样的措辞、承诺才会彻底打动风险投资。

另外，风险投资更关注什么，是投资回报抑或是投资利润。或者说，在同样的情况下，他们更喜欢把钱交给什么样的创业者。

风险投资的诉求与投资喜好

很多创业者都会把自己认为最优秀的一面展示给风险投资看，想当然地认为自己觉得好的，风险投资也同样会觉得好，而不去想风险投资喜欢的是什么，真正想要的是什么。

所以导致的结果就是，即使风险投资是对创业者的项目感兴趣，但是由于对这些没有足够的认识，没有给出风险投资想看到的、想了解到的东西，那么就很可能会与风险投资的需要南辕北辙，从而导致融资的失败。

所谓的知己知彼，百战百胜，要想取得风险投资的资金，首先要抓住他们的心，知道他们的诉求与喜好。

诉求

很显然，风险投资最大的诉求在于投资收益。基于此，风险投资不喜欢夸大其词的计划，它一定会千方百计地评估创业者的计划的可靠性，通过各种渠道去调查计划的可行性。因为这直接关系到投资收益的问题。

站在自身立场上，风险投资首先关心的是管理层是否能实现这些计划，假定能实现，风险投资能够获得多少投资回报。

所以，创业者的整个创业计划给出的结果不必让人们大喜过望，许诺会有多么丰厚的回报，但也必须在可靠的基础上能超过风险投资的心理价位。

一般来说，在企业刚开始开拓市场的阶段，销售增长率保持在 25%～100% 都是比较正常的，销售增长率最低也要达到 25%，这就需要创业者付出相当多的努力，所以说赢得风险投资的青睐并非易事。

整个融资过程进行下来，无论最后的结局是怎么样的，风险投资最关心是怎样撤回资金，因为这直接关系到他的投资收益是多是少。所以，在创业者的计划书中，必须明确指出风险投资怎样才能退出。

假若创业者的计划书深深打动了风险投资，而且对他们的调查和问题做出了让他们基本满意的回答，计划就可能要跟他们签订投资协议了。这意味着，计划将能够很快地拿到风险投资的资金，走上正常的运营轨道。

投资喜好

同样一个项目，有的风险投资认为没有任何价值，有的风险投资却认为前景不可估量。每个风险投资都有其独特的投资喜好，所谓萝卜青菜各有所爱。

（1）一般的风险投资都有一定的投资区域，风险投资通常只对自己所熟悉行业的企业或自己了解的技术领域的企业进行投资。

道理很简单，这样做能够保证投资的成功率，而且风险投资所资助的企业大多分布在其所在地的附近地区。这主要是为了便于沟通和控制。

（2）风险投资不管市场容量如何，只关心企业是否具有可持续的竞争优势，每个行业总不会只有一家企业在运作，甚至会有创业者不断进入这个领域。如果该行业有一定的进入门槛，可能会保证当前企业的既得利益维持在一定程度上的领先优势。风险投资倾向于向这样的企业投资。

但是如果该行业进入门槛很低，比如只是资金门槛，或者是政策门槛，或者是人才门槛，跟随者很容易进入的话，那么风险投资对于投资会非常谨慎。

（3）大多数风险投资更偏爱小公司，小公司一般规模都不大，所以需要的资金就相对较少，而且小公司技术创新效率高，活力十足，更能适应市场的变化。

换个角度讲，小公司的规模小，更有可能把公司规模做大，因而同样的投资额可以获得更多的收益。此外，通过创建一个公司而不是仅仅做一次投资交易，可以帮助某些风险投资家实现他们的理想。

（4）风险投资可能更倾向选择一些拥有部分流动资金的企业。这些企业在资金投入前就已经有了实际的收入（即初步的资金支持），已经组成了管理队伍，制定了可行的发展计划和营销策略，具备了创业的基础条件。这样无论是初期投资还是后期的经营管理，都要相对容易得多。

（5）现在的风险投资越来越愿意和有经验的投资对象合作。在一般的投资项目中，风险投资都会要求创业者有从事该行业工作的经历或成功经验。

如果一个创业者声称他有一个极好的想法，但他又几乎没有在这一行业中的工作经历时，风险投资就会怀疑这一建议的可行性。

创业者了解了风险投资的诉求与投资喜好，按图索骥地寻找匹配的投资风险，可以减少蛮干的疲惫和伤神，更有助于事倍功半。

被一个风险投资否定了，并不意味着创业者的项目一文不值。作为创业者，始终要记住一点，那就是要有坚定的信心，即使不断遭到风险投资的拒绝，也不要轻易放弃。

每位创业者都要有这样的认识：被拒绝至少是积累经验的一部分，只有坚持，才能走到最后。

市场需求有多大

风险投资关注投资收益，必然绕不开"市场需求"这个核心问题。创业者对这个问题描述得越清晰，就越能够帮助创业者在融资谈判中取胜。

因为只有明确了市场需求，或者创业者拥有了潜在市场需求的新技术、新产品，那么有需求就会有顾客，有顾客就会有市场，有市场就有了企业生存发展的空间。

如果创业者有一项已经申请了专利的新技术，那么就会引起风险投资特别的注意。高技术行业本身就有很高的利润，独有的技术服务更可以使企业在进入市场的时候占有有利地位，因此，面对这些企业，风险投资一般不会吝惜金钱。

风险投资的考察标准基本是差不多的，对于传统企业会考察发展历程，对于高科技企业看它的技术支持，但是也不绝对。传统的企业也有很多技术创新，比如从纯牛奶到酸酸乳、优酸乳。

如果只是对已有的模式去做一些改进，而不是着眼于革命性的东西，希望通过对已有的强势产品或者品牌进行"改良"而获得一个全新企业的生存，这条路是走不通的。

原因很简单，没有根本性的改革，只是增加了原有产品或者技术的附加值，而原有技术的开创者或者领先者可以很快地回头学习。

由于这些领先的企业已经获得了一定的市场份额，有了固定的用户，能够获得资金和技术支持，它不仅学得快，可能还做得更好。只会模仿别人的产品是不会引起风险投资的兴趣的。

例如，曾经有数十个人去挑战 QQ，认为自己做出了更好的聊天工具。其实后来的实践证明这些产品跟 QQ 本质上是一样的，只是在一些附加功能上多出了一些新花样，腾讯可以很快模仿跟进，并且比这些挑战者做得更好，所有挑战 QQ 的企业最后销声匿迹。

又比如，很多网站模仿新浪的微博，但是，却始终无法超越。

所以对于一个很成熟的、巨大的市场来说，这样的市场很可能已经饱和，已经有太多的人在竞争，所以风险投资会疑惑现在投入资金还能不能赚钱。

如果创业者的企业很小，比手工作坊大不了多少，也没有让风险投资看到潜在的市场需求，那么也有可能被风险投资拒绝，理由只有一个：没有发展潜力，风险投资看不到收益回报。

风险投资看中的是未来发展中能够吸引越来越多用户的项目，这个企业才能被包装上市。市场的规模是创业者要证明的很关键的一点。

可以说，风险投资更愿意投入的是一个拥有高速发展的项目（公司），它刚开始时也许并不是很强大，但只要给它足够的支持，绝对具有飞速发展的前景。

风险投资看重的是能够赚钱、企业一定能长大、具有持续发展的能力，企业的赚钱能力与扩张能力必须都是强劲的。

与风险投资沟通要点

在与风险投资交流谈判的过程中，一定不要因为一时冲动说不该说的话，做不该做的事，要时刻注意哪些事情可以说，哪些问题不能讲。

例如，全盘托出你将来可望实施的宏伟计划。在未来，你的公司将拥有 13 个子公司，分布于 47 个国家，销售额达 1000 万元。这个愿景，对于风险投资分析你的计划书毫不相干，甚至让风险投资家认为你只会空想。

在对计划书进行深层次讨论之后，风险投资喜欢提出问题，创业者不要避开投资者的提问，不要含糊地回答问题，更不能信口开河地回答问题。

创业者在回答问题时，不要轻易超越计划书上的范围与内容，防止出现错误或失误，甚至泄露商业机密。

曾经有专门的服务机构统计过，风险投资一般会集中在四个领域内提问，即管理、独特性、计划和资本撤回。

风险投资为什么会提问管理方面的问题呢？因为他们希望所投资的企业能够有一个优秀的创业者来统领，他们会关心管理者最基本的素质，即正直与诚实，这是整个投资计划能否顺畅进行的保证，也是这个风险企业能够兴盛的一个比较重要的因素。

有经验的风险投资选择对创业者思维模式、商业模式具有挑战性的提问，虽然也许会让人尴尬，但却是有帮助的。即便暂时拿不到投资，创业者也正需要在这种挑战中不断打磨自己的思维模式，增进与风险投资接洽的技巧。

风险投资关于管理和独特性方面的问题，见表12-1。

表12-1　风险投资关于管理和独特性方面的问题

问题领域	描述	典型问题	特别提示
管理	与管理团队的经历、背景直接相关	管理团队有哪些方面的人才？都擅长什么？曾经做出多大的经营管理业绩？你们奋斗的动力是什么？成就是否卓著？管理层是否能高效率地完成你的整个创业计划中所规定的各项目标	这些是风险投资可能提出的典型问题，并不会一字不差，可能有所变化，但是最终的目的都在于了解管理层是否胜任在整个创业团队中所分配到的工作
独特性		你的公司与其他公司有什么不同或者换一个提问方式：为什么同样的情况你能成功　你这个想法的核心价值是什么？能给客户带来什么价值？为什么你可以做到竞争者做不到的事情？或者说为什么你可以做得比他们更好？你的公司的核心竞争力在哪里	这些问题创业者都要思考清楚，并懂得用精练的语言去表达出来，让风险投资能够听懂　如果对方提出这类问题，创业者一定要不失时机向他全面准确地描述你的公司的独特性，并说明形成独特性的原因

风险投资没有时间忍受躲躲闪闪的回答。对问题的回避很可能迫使风险投资不得不反复提问。如果你含糊回答问题，则当你问到对方是否同意投资时，他

181

也会以其人之道还治其人之身。回答问题越直接越简短越好，对直接提问要直接回答。若听不清对方提问，要问清对方本意后再直接回答。

多数风险投资几乎都擅长提问，他们大多是金融投资领域的专家，如果他们发现你是在与其兜圈子，那么你一定无法从对方那里获取投资。

第一次见风险投资，对于那些没有经验的创业团队来说，十有八九会遇到不顺利，甚至会被一道又一道的问题难倒，这让很多人觉得特别失望。

其实接触多了就会知道，在推销项目的过程中，风险投资一定会给你设置一些沟坎，但并不代表他不看重你，千万不要因此而丧失了信心。

创业者的实力与创业团队

风险投资对"人"的因素是很看重。这里"人"的因素，即具有较高素质的风险创业者，具有敏锐的商业嗅觉，当别人没看到商机的时候，他看到了；当别人看到商机却没去做的时候，他去做了；当他去做的时候，是百分之百投入，不达目的决不罢休。

图 12-1 风险企业有效运转示意图

因此，风险投资在挑选投资项目时，除了要看创业者是否有良好的教育背景、深厚的班底，更要看全班人马的创业精神，是否有经营管理的经验和能力，能够以足够的奋斗精神支持整个风险企业有效地运转，如图 12-1 所示。

创业者的创业精神

风险投资首先看重的就是创业者的创业精神，组建团队的工作就是对其的第一道考验。

创业精神不仅仅指创业者，更包括团队的每一个成员：从领导者到基层员工，每个人都有明确的责任和分工，这样的团队往往还会有一个核心人物，带领大家齐心协力，使企业快速成长。

风险投资不是针对一个项目，而是投资一个企业，他们关心的是你能不能把企业由小带大，你有没有这种领导能力，而不是看你能不能把一个项目做好，是不是某个想法的发明人。

创业精神决定了创业者对待困难和挫折的态度。创业之路不会一帆风顺，甚至可能是荆棘遍布。在资金关、市场关、管理关、团队关等诸多关卡面前，如果没有强大的创业精神支持，没有坚持到底的毅力，创业者是很难渡过一个又一个难关的。

如果把创业当作攀登100级台阶，那么很多人往往是因为中途的困难、失望、打击而倒在第99个台阶上，没有坚持到最后。这是十分惋惜的。

创业团队的重要性

创业团队是风险投资十分看重的一个方面。如果创业团队中有太多是"第一次"的成员，融资的成功率就会大大降低。

之所以团队最重要，是因为团队决定着企业的发展。一般的风险投资都不会过于干涉风险企业的管理、项目的执行，包括投入市场的策略，因此他们希望创业团队有着一流的决策能力和超强的执行能力。

创业者组建一个有经验的团队，以及招募具有丰富经验的合作伙伴，就可以大大增加获得风险投资认可的概率，帮助创业者在风险投资的最终选择中取得胜利。

第12章　征服风险投资的核心技巧

你是取经团队中的谁？

唐僧　孙悟空　猪八戒　沙和尚

　　在申请风险投资时，团队的作用是至关重要的。比如说，每个创业者其实都明白，要想让风险投资对自己的项目感兴趣，讨论项目营利性是不可或缺的。

　　如果一个企业的团队中缺乏这方面的专业人才，在进行项目介绍的时候，往往会漏掉这点，却花掉大量的时间来陈述技术是多么先进，那么最终会招致风险投资的不满。

　　由于这个问题的存在，许多风险投资在对企业进行筛选的时候，宁可投资第一流的团队，也不投资第一流的项目。这是小微企业必须重视的。

第13章 怎样与风险投资签订投资协议条款清单

投资协议条款是融资过程的重中之重，在这个条款之中，创业者一定要了解签订流程，并且标注保护性条款。那么，签订投资协议条款都需要知道那些问题呢？小微企业的创业者对此要了如指掌。

什么是投资协议条款清单

有一天，创业者的不懈努力得到了回报，风险投资同意投资了，他说那接下来谈判投资协议条款清单吧，但是，创业者却被几大篇条款弄得一头雾水。

在风险融资过程中最重要的部分是投资协议条款清单谈判。

大部分创业者面对投资协议条款清单都会觉得头疼而不知所措，过分专业化的词语会让他们觉得摸不着头脑。先来看看投资协议条款清单主要由哪些内容构成，见表13-1。

表13-1　投资协议条款清单的主要内容

条款主要内容	内容描述
发行相关条款	主要包含发行方或投资方、投资方式、投资额、资金用途、投资前估值、股票购买价格、新的股权结构表
员工相关条款	主要包含员工竞业和保密协议、员工期权、创始人股份兑现、保险
优先股及投资人权利相关条款	主要包含分红、优先清偿、防稀释条款、转换权、回购权、注册权、知情权、共售权、领售权、优先认购权、董事会、保护条款、投票权
其他条款	主要包含生效条件、排他权、费用、保密条款

185

风险投资在投资时，关注的是要投入多少资金和投资后的能够收回多少资金，以及投资后如何保障投资人自己的利益和监管公司的运营。

因此，风险投资给创业者的投资协议条款清单中的条款一般会着重以下两个方面的问题。

（1）如何实现投资的收益价值？这些条款会比较偏重经济方面的问题，涉及利润的分配，比如清算优先权、领售权，等等。

（2）如何解决融资之后对企业的经营管理问题？比如董事会等。

下面，我们就挑出几个比较重要的条款，来说明怎么签订投资条款清单，当然，具体详细的协议需要聘请专业顾问仔细磋商，避免因为一时的疏漏给企业带来损失。

企业的价格

很多优秀的创业企业，很难和风险投资达成一致的原因就是企业的价格问题。

创业者如果想达到一个合适的价格，就必须要拿出实力来。因为价格终究是企业价值的体现，效益不好，不太可能获得高价。

价格问题的谈判，不必一成不变，可以在充分保证创业者利益的前提下设定

一个相对低一些的浮动价格。

跟风险投资谈判如何定价，往往是整个接触过程中非常敏感的问题。所谓融资，最主要的就是定价问题。通常来讲，风险投资符合任何一个投资的规律，风险越大，风险投

资要求的回报就越高，也就是说风险和回报是成正比的。

如果创业者的企业在种子期，才只有一个创业的计划，这时成功的希望是很低的，投资风险就会大很多。风险投资一般会获得一个非常高的回报，至少应该在 20 倍左右。

当创业者拥有了一定的创业基

础，风险就会随之降低，这时再去融资，所要求的回报也会降低，可能就会降到 10 倍左右。

因此，创业者和风险投资谈判的时候中可以多强调这一点，争取能以对等的方式获得风险投资。比如，你要融资 300 万元，而你公司的价值已经达到了这个数额，那么在谈判中就要争取和风险投资各占一半的股份，也不要过于压低自己的股份而在将来蒙受太大的损失。

但是，不要给风险投资施加太大的压力，别苛求投资基金的数额，应预先有一个预计数字和期望的浮动范围，如果在价格上不能取得一致，办法有很多。比如可以通过调整获取收益的方式、占有股份等来进一步沟通价格，或者采用分期谈判降低每期投入资金额的方法，等等。

因为风险投资毕竟不可能对每家投资企业都是行家，并不了解定价的具体要点，而且市场行情瞬息万变，有很多不可预见的风险，在风险投资来说，为了保证他们的利益尽可能的高，就会希望价格尽量降低一些。

创业者为了顺利融资，让风险投资能够放一点心，所以不一定非要在一开始讨论定价的时候就寸步不让，而是可以设立一个有弹性的条款。比如，采取分批投资的方式，在首轮融资的时候，价格可以稍低一些，这样风险投资可以从中尝到甜头。

当企业的发展达到了创业者的理想预期、风险投资看到了企业增值的希望，同时第二轮融资的资金需要跟进的时候，这时的定价就要比初期高一些了。

如此几个阶段发展下来，从整个融资过程来看，总的来说可以实现价格有利于创业者的目标，同时又减小了风险投资承担的风险，最后皆大欢喜。

一般风险投资会为所投资的企业提供增值服务，这点是有利于创业者的，而且能够拿到这种资源，比谈妥的价格高一些可能对创业者更有利。

争取有利价格的小技巧

无论是风险投资还是创业者，都希望争取到对自己有利的价格，创业者虽然有时可以忍痛做出一些让步，但这种让步绝不是无底线的。要想在最终的谈判中占据有利地位，创业者可以注意以下几个技巧。

（1）已经谈到创业者必做的功课就是给企业正确的估值，到最终谈判、落实到书面条款的时候，提出的价格可以略高于这个实价。也就是说，你应当要求最佳报价价位，即你所要的报价对你最有利，同时买方仍能看到交易对自己有益。

有些创业者对此不以为然，并且很担心因为报高价在首轮谈判中就被淘汰出局，更不用说坚持到最后一关。然而，价格定高一些可以留有一定的谈判空间，

在谈判中，一般情况下降价比涨价更容易，也更能符合风险投资的心态。

这里指的"高"不能离谱，恰当的高一些的价格可以让你在谈判中处于一个比较有利的地位，尤其是如果你并不十分了解你的竞争者和谈判一方，开价高就是最安全的选择。

（2）创业者要牢记不要急于接受风险投资方面第一次给出的谈判条件，而且有些风险投资很喜欢使用拖延战术，比如在首次接触之后，风险投资并不马上答复关于价格的问题，而是选择沉默，或者只是与创业者保持似有若无的联系。

（3）过了一个月或者几个月，正当你等得心焦的时候，风险投资突然通知你，马上到他们那里去谈判最终条款，而且可能告诉你，你有多家优秀的竞争对手，但是报价都很低，并且提出一个诱人的条件：在你原来定价的基础上降低3%，立即签合同。

此时创业者应当保持镇定，不能急于求成，而是要以之前确定目标价格为基点。对方的报价比你的目标价格低多少，在之后的谈判中创业者一方的最初报价就应比原始的目标价格高多少。

（4）当谈判处在胶着状态的时候，创业者切记不要产生烦躁、对立的情绪，这点很重要，否则可能会让风险投资感觉到创业者不是有诚意争取一个双方共赢的谈判结果，而是持强硬态度事事欲占上风。

除此之外，如果想要在谈判中尽可能地争取主动，那么当风险投资一方提出任何超越条款的要求，创业者也可以主动提出对应的要求。

这样，在一般情况下，风险投资知道了你的态度，知道了你对最终谈判条款是有底线的，就不会做出太过分的举动了。

融资成功，风险投资也成了企业的股东，至少在退出之前他和企业的利益是一致的，所以风险投资一般会利用他们的资源网去为企业解决一些棘手的问题。这样，把企业当成企业的公司来做，风险投资也会很开心的。

谈判成功的关键就是要有一个良好的心态，还有一个深思熟虑的计划，以准备回答任何可能提出来的问题，应对任何可能出现的局面。

董事会

风险投资关注企业的董事会，不是说要通过董事会建立强大的控制网，干涉企业运营，而是防止其他因素或者人员介入董事会，使创业者失去对企业的控制权。

投资协议条款清单中标准的"董事会"条款一般这么写（在正式文本中是英文）：

董事会：董事会由 3 个席位组成，普通股股东指派 2 名董事，其中 1 名必须是公司的 CEO；投资人指派 1 名董事。

一个合理的董事会应该是保持投资人、创始人以及外部独立董事之间合适的制衡，为企业的所有股东创造财富。董事会应该反映出企业的所有权关系，实现这几方力量的平衡。

董事会代表企业的所有者，董事会选举产生 CEO，CEO 对企业进行日常运营管理和决策，董事会会淘汰掉不称职的 CEO，推选能够对企业尽职尽责的 CEO。

董事会的设立应该反映出企业的所有权关系，在理论上，所有的董事会成员都应服务于企业的利益，而不是仅仅服务于他们自己持有的某种类型的股权。

所以，在这项条款的谈判中，创业者需要明确以下两点：

（1）创业者明确和坚持公司董事会组成应该根据公司的所有权来决定，在这方面风险投资不能自己说了就算数。

（2）注意签订协议中的保护性条款。一定要争取到这样的结果：董事会需要保障公司全体股东利益，不能够只保障优先股的权益，普通股同样重要。

但是如果风险投资认为最初设定的董事会结构对他们的利益有损害而不同意的时候，创业者又希望拿到他们的钱，就需要做出一些让步，设置一个独立的董事会成员。这样，或者是由两个普通股股东、两个投资人、一个独立董事组成的五人董事会，或者是干脆一个普通股股东、一个投资人和一个独立董事组成的三人董事会。

如果最终签署的条款是以上方案的话，那么创业者要让投资人同意：在任何时候，公司增加一个新投资人席位的时候也要相应增加一个普通股席位。

这样在后续融资的时候，会控制风险投资的股权不会占到一个绝对优势，在董事会中也就不会具有一言九鼎的地位。

下面，我们用图 13-1 来演示董事会的构成。

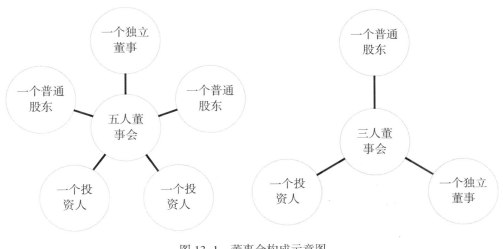

图 13-1　董事会构成示意图

风险投资可能会推荐一个很有声望的独立董事，创业者通常不会拒绝，因为可能出于信任等种种考虑，觉得这是个对企业发展有利的决定，但在通常情况下，这个独立懂事和风险投资的来往是十分密切的，这样一来，在面临利益分配的时候，会对创业者很不利。

就是说，一旦出现这种情况，普通股股东（创业者）在董事会上就面临失去主导地位，解决这个困境的最简单办法是在融资之前抢先设立独立董事。

比如创业者选择自己信任的、有能力又有信誉的人作为独立董事。如果融资之前，创业者无法或没有设立独立董事，在谈判时要争取独立董事的选择由董事会一致同意，而且这个独立董事要由普通股股东推荐担任。

风险投资也许还会要求公司的 CEO 占据一个董事会的普通股席位，表面上看是给了创业者一方一个职位，对创始人有利，实则不然。

创业者不要忘记，风险投资是很有可能干预公司管理的，假如有一天风险投资觉得你经营不善，要求更换一个 CEO，指派自己的人过来，按照这个协议，他同样会在董事会中占据一个普通股职位。

在某种意义上，这相当于给创业者带来了隐忧，新的 CEO 很可能是跟风险投资站在一个立场上的，这样，创业者的公司就会被风险投资控制，而这样的联

盟可能对公司、公司创始人和员工都不会有利。

需要注意的是，创业者在融资时要关注"董事会"条款，不是说要指望在这个条款中把董事会完全控制在自己手中，而是要争取在董事会中的有利地位，别让自己失去对企业的控制权。

兑现条款

风险投资在决定是否投资一个企业时，通常最看重的是管理团队。一方面是管理团队的背景和经验；另一方面是保持管理团队的稳定和持续性。

对于背景和经验，可以通过前期的尽职调查得到核实，而兑现条款的作用就是尽量拴住团队里有能力的成员。

简单地说，假如兑现条款规定的期限是 4 年，就是说风险投资要求创业者和管理团队的股份及期权要 4 年时间才能被完全兑现，就是说你必须等待 4 年才能拿到你所有的股份或期权。如果你提前离开公司，根据约定的兑现公式，你只能拿到部分股份或期权。

这个条款对风险投资有好处，对创始人也有好处。比如你的团队里有五个人，好不容易拿到风险投资的投资了，之后某个创始人决定离开公司，如果没有股份兑现条款，那么离开的创始人拿走属于他的钱，埋单的则是剩下的四个人和风险投资。

如果有股份兑现条款，所有人包括创业者都会努力工作以至拿到属于自己的股份。同样的道理，员工的股权激励也需要通过兑现条款的方式逐步获得。

作为创始人，你在公司的发展初期会耗费大量的心血，但是股份兑现在条款规定的期限之内都是平均的。就是说随着时间的推移，你对公司的贡献会相对越来越少，但是你每月兑现的股份数量却相对比较大。

所以，当你对公司的贡献慢慢减少时，其他成员出于利益考虑可能会让你离开，同时取消尚未兑现的股份。

一旦风险投资发觉你在公司存在的价值与你尚未兑现的股份不匹配的时候，绝不会手下留情。比如，假定条款规定的时间是 4 年，但是风险投资在第 3 年就发现你不能创造太多价值了，风险投资很可能会选择挤走你，然后用回购的方式拿走你的股份。

不过创业者可以要求公司不注销回购的股份，而将这些股份在创始人和员工之间按持股比例分配，这样大家都会受益。

因为离开公司的创始人所持有的尚未兑现的股份是在风险投资进行投资之前创造的，应该分配给创造这些价值的创始人和员工，风险投资是没有份儿的。

在这个条款中，创业者也可以为自己争取有利的条件，可以从以下几个方面入手，见表 13-2。

表 13-2　兑现条款谈判

有利的兑现条件	内 容 描 述
争取缩短兑现的期限	要求兑现的时候只兑现四分之一，剩余的在其余三年中解决
争取"加速兑现"	如果在某一段时间内，公司的经营状况比之前做规划的时候预计的发展要好，那么，就可以跟风险投资要求多一倍的兑现额 额外兑现的股份数量通常是原定 1 年的兑现量，如果争取得当，也可能是全部尚未兑现的股份

但是在目前的市场环境下，初创企业起步比较慢，一般至少要五年以上才可能实现 IPO 退出，投资这样的企业，选择的退出方式一般会是并购。通常来说，在这个时候要求加速兑现股份一般有两种兑现方式：

（1）在并购发生时自动加速兑现。在加速兑现的时候能够额外兑现至多50％的股份。

（2）在并购时，当满足加速兑现的任意两个或者三个条件的时候实现加速兑现，可以额外兑现 50%～100% 的股份。

创业者需要注意不要走入这样的误区：加速兑现不缩短兑现期，而只增加兑现股份的数量，减少未兑现股份的数量。尤其要注意，不要因为一些无端的理由让你的管理团队队员被风险投资抓住把柄开除，那样是非常不利的。

领售权

领售权，就是指风险投资强制公司原有股东参与投资者发起的公司出售行为的权利。

通常领售权是风险投资在有人愿意收购，而某些原有股东不愿意出售时运用的权利，这个条款使得风险投资可以强制出售，最大限度地保证了风险投资资金的安全。

因为领售权制约的是普通股股东，所以在通常情况下会认为这又是一个对风险投资有利的条款，其实，对于创业者和管理团队等普通股股东而言，领售权条款如果谈判得当，也是有利的一项。

比如，公司出售是不需要全体股东一致通过的，大多数人赞成就可以，但很多准备收购这个公司的大公司还是希望看到 80% 以上的股东同意。

因此，如果公司有比较多的普通股股东，那么跟所有股东签署领售权协议也是有必要的。

通常风险投资占有企业股份的优先股，这样其实对创业者来说并不是很公平的，因为优先股的多数放到整个公司的股份之后就变成了少数。

所以，创业者就要留意领售权的行使也要董事会通过，这样对公司的所有股东来说才是公平的。当然，对于优先股要求通过的比例越高越好，这样优先股股东的多数意见才能得到考虑。

根据清算优先权，有些股东，比如大部分的普通股股东，在公司被收购的时候就会一分钱也没有，他们对于领售权一般是持反对意见的。所以，有些股东就需要在谈判时设定一个最低价格，只有到了这个价格的临界点，领售权条款才有效。

领售权兑现进行支付的时候，现金是最有保障的。如果购买你公司的这家公司不是一家上市公司，但是跟你说要拿自己的股份或其他公司的股份来抵偿，创始人就需要冷静考虑了。

为了避免不必要的利益冲突，创始人要跟风险投资谈判好，尽量提前规定一些特定的收购公司是不在领售权的有效范围之内的，比如本行业的竞争对手、与风险投资有关联的公司，等等。

如果这个公司的创业团队中有人不同意公司并购，这就与风险投资的意图相抵触了，这时如果条件允许，可以考虑以同样的价格和条件将风险投资的股份买下。不过，这个方法一般比较难以实现。

所以，这样的领售权条款是比较有利的。

在一轮融资交割结束四年后，如果70%以上的优先股股东和董事会同意出售全部或部分股份给第三方，并且每股收购价格不低于本轮融资股价的3倍，此时如果有股东不愿意出售，那么这些股东应该以不低于第三方的价格和条款购买其他股东的股份。

清算优先权

什么是清算优先权？在普道股股东获得利益分配之前，风险投资要获得原始投资一个确定倍数的回报。在过去很长时间里，标准的是1倍清算优先权，但现在情况大部分是1倍至2倍。

这里头值得注意的就是这个原始购买价格倍数的真实含义。如果参与分配倍数是 3（3X）（3 倍于初始购买价格），表示一旦获得 200% 的初始购买价格的收益（包括优先清算的回报），优先股股东将不再参与剩余资产的分配。

如果清算优先权是 1 倍（1X）回报的话，参与分配权的回报不是额外的 3 倍，而是额外的 2 倍。

清算优先权，明确什么是清算事件就很重要。通常，创业者认为清算事件是一件"坏"事，比如破产或倒闭。对风险投资而言，清算就是"股权变现"，二者的认知是不同的。

标准条款是这么写的：

公司合并、被收购、出售控股股权以及出售主要资产，从而导致公司现有股东在占有续存公司已发行股份的比例不高于 50%，以上事件可以被视为清算。

有利于创业者的条款：1 倍（1X）清算优先权，无参与分配权。这就是说，在公司清算时，优先股股东有权优先于普通股股东获得每股一倍于原始购买价格的回报，以及宣布但尚未发放的股利（清算优先权）。

在支付优先股股东清算优先权回报之后，剩余资产才由普通股股东按股份比例进行分配。

这里说的是在资金退出的时候，优先股投资人可以选择要么在其他任何人之前只拿回自己的投资额，要么换算为普通股之

197

后跟其他股东按比例分配资金。

标准的 1 倍不参与分配的清算优先权条款，已经是对创业者最有利的结果了，创业者要争取到的就是把这样的条款落实到你的投资协议条款清单中去。这并非不可能，因为如果你目前公司业绩良好、后期融资能够顺利进行、项目也比较受欢迎，这是完全可以实现的。

如果创业者没有令人激动的创业经历或者项目没有太多风险投资关注，通常在首轮投资协议条款清单中是没有这样的条款的。

不过，大多数比较有经验的风险投资并不倾向从创业者手中拿到过高的清算优先权。优先于管理层和员工的清算优先回报越高，管理层和员工权益的潜在价值就越低。

每个案例的情况不同，但有一个最佳的平衡点，理性的风险投资希望在获得"最佳价格"的同时保证对管理层和员工"最大的激励"。过高的清算优先权看起来很有利，但是会影响到员工的实际战斗力。

很明显，最后的结果需要谈判，并决定于公司的发展阶段、议价能力、当前资本结构等，但通常大部分创业者和风险投资会根据以上条件达到一个合理的妥协。

创业者与风险投资的关系并不是到签订了投融资条款就宣告结束了，在后续的资金投入、企业管理等方面都会有风险投资的身影，创业者要做的，就是如何在二者之间取得平衡。

理性处理创投关系

许多创业者都在期待风险投资的投资，可是一旦获得投资，新的问题随之而来。风险投资的最终目的就是追求利润，他们会使用一切办法缩短企业的发展时间，甚至可能考虑控制董事会，无穷变化的要求往往令创业者疲于招架。

创业者与风险投资的关系并非签订了投融资条款就宣告结束了，在后续的资金投入、企业管理等方面都会有风险投资的身影，创业者要做的，就是如何在二者之间取得平衡。

风险投资究竟是善于发现千里马的伯乐，还是游走于利益之间的投资者而已？面对这把双刃剑，创业者又该怎么办呢？

厘定与风险投资的安全距离

在投资行业，有些公司已经不需要钱，但是风险投资会主动联络投资，而真正需要钱的公司风险投资一般不愿意给他钱，换句话说，这就是风险投资界的"潜规则"。

创业者必须明白风险投资不是慈善机构，而是资本的化身。即使在融资成功之后，风险投资肯选择与创业者合作，不是学雷锋做好事，也不是想雪中送炭，一定是因为企业足够强才青睐你。

风险投资带来的不仅仅是钱，最重要是一个透明公开的分配机制，投资人、创业者、企业员工、核心骨干都有利益均摊，有了清晰的利益关系，才有企业健康的发展。

追逐利润是风险投资的天性，他们投资的标准不是创业者有多么不容易，创业者是如何的可怜，创业者是如何的刚毅和勇敢，这些道德评判的标准在风险投资的眼里一钱不值。

很多创业者会问，风险投资的加入到底是好是坏？最显而易见的，如果不是风险投资发现企业的价值，不注入资金，创业者的创意很可能就此流产，更谈不上融资上市了。

从风险投资的角度来说，风险投资作为价值投资者，为的是追求利益回报，因此他们会非常关注企业的经营。从这个角度讲，在融资成功之后，创业者还有很多事情要做。

创业者要以一个健康的心态去看待融资之后与风险投资的关系，看待管理、股权变更等会出现的问题。同时，创业者要和风险投资保持一个安全距离，不要把风险投资人当作无话不谈的好朋友，明确认定你们只是合伙人关系，并确立尊重股东、回报股东的理念。

很多人都觉得创业者和风险投资之间的关系跟恋人差不多，好的时候能够同甘共苦，坏的时候吵来吵去，甚至翻脸。所以，创业者需要理性而不是感性地对待风险投资，这对创业者心态的调整至关重要，如图 14-1 所示。

图 14-1　创业者理性对待风险投资示意图

创业者和风险投资双方各自代表不同的利益需求，都需要对自己的一方负责，所以，保持一个理性的、安全的合伙人关系是十分重要的。

融资成功后的创投关系管理

创业者在融资成功后需认识到，成功拿到第一笔钱后，如果与风险投资的合作不顺畅，那么第二笔钱能不能到位、到位多少还是个问题。

一个合格的创业者，正确处理好与风险投资的关系是十分重要的。有一些企业在融资成功后没有正确地处理好与风险投资的关系，因而导致企业陷入恶性循环。

当企业发展速度越快时，风险投资在企业后续的管理中发挥的作用就越大，假如风险投资对所持股份公司业绩不满或对公司治理问题有不同意见，他的干涉就会关系到公司的运转，甚至能够决定公司的命运。

假如一家公司成功上市，但是和风险投资关系很紧张，此时风险投资抛售股票，就会遭受很大损失。风险投资的股票卖给谁，以什么价格卖，抛售之后又能去投资哪家公司，可以说，这些问题对风险投资来说就成了一个难题，他们不可能用传统的抛售股票的方式来保护其资本的价值，因为他们持有大量股份，抛售股票将引起股价大跌。

这就导致了风险投资在对公司业绩不满或对公司治理有不同意见时，他们不会单纯地选择抛掉股票、要求公司关张或者套现，而是开始积极参与和改进公司治理，主动和上市公司高管对话，向公司献计谋、提建议，必要的时候甚至会施压，变更公司管理层。

创业者在公司的重大经营问题上需要考虑风险投资的意见或想法，因此，在重大决策过程中，要主动地与风险投资进行各种沟通和交流，这样双方可以建立良好的合作关系。

201

与风险投资建立良好的沟通机制

首轮融资结束之后，一般而言，创业者的团队对公司日常事务进行管理，风险投资一般不参与。但是，作为风险投资，对自己投入的钱的去向、投资后所投项目的经营情况都不清楚的话，难免提心吊胆。

正因为如此，即使风险投资后续获得收益，如果收益不高的话，有不少风险投资选择更加稳健的投资途径而放弃这种让人担惊受怕的投资。

因此，沟通是处理好融资之后与风险投资的关系的手段之一。在公司融资之后的发展历程中如何与风险投资打交道，沟通是最主要的、最有效的方法。

在处理与风险投资的关系的时候，创业者一定要明了，虽然创业者与风险投资的关系是建立在良好利润回报的基础之上的，但是有效的沟通可以给创投双方都带来满意的回报。

通过沟通，一方面向风险投资传递公司信息，另一方面也可以听取风险投资对于公司发展的建议和意见。公司通过与风险投资平等、诚恳、相互尊重的沟通，获得风险投资的认同，从而提高公司价值，也让风险投资获得投资决策的依据。

稳固的创投关系如图 14-2 所示。

图 14-2　稳固的创投关系示意图

运营过程中及时传递信息

在运营过程中与风险投资建立良好的沟通关系，创业者需要做到以下几点，如图 14-3 所示。

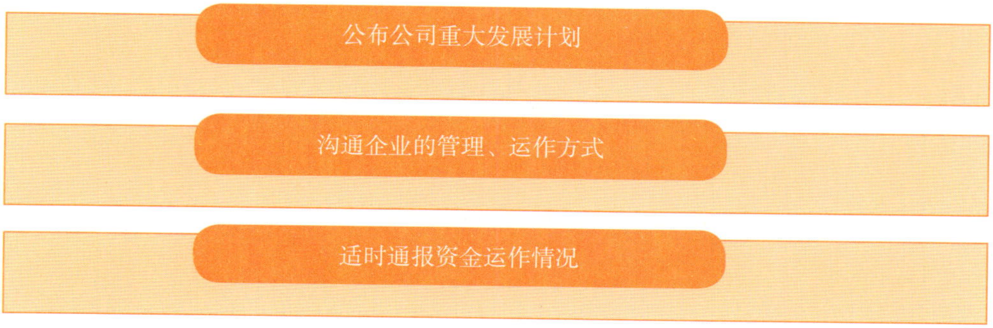

公布公司重大发展计划
沟通企业的管理、运作方式
适时通报资金运作情况

图 14–3　创业者沟通关系示意图

在这个阶段，创业者应当通过适当的途径和选择适当的时机，将投资决策、所投项目和投资后项目的运作进展等信息，向风险投资进行传递，通过信息及时传递，让风险投资心中有数、减少不必要的担心，进而防止风险投资非理性行为的出现。创业者与风险投资采用适当的做法，才能使创投关系稳固，达到双赢，如图 14–4 所示。

有效的沟通机制
个性化的服务
创投关系稳固，企业
效益攀升

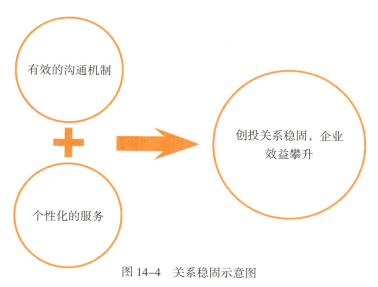

图 14–4　关系稳固示意图

尊重风险投资

风险投资因为判定企业有盈利的希望而认同创业者并选择合作，但这种合

作尚且处在初级阶段，更多的是"利用"而非真正的伙伴。

基于这一点，创业者在融资之后的漫长合作过程中，要让风险投资相信，创业者和公司的确是在真诚地、竭尽全力地工作，这些都要体现在日常与风险投资的交流与沟通之中，即通过与风险投资平等、诚恳、相互尊重的沟通，取得风险投资的信任。

有些大型创业企业并非只有一个风险投资，在这种情况下，至少要在规则的层面做到平等对待每一位股东。有些创业者会对那些投入资金较多的风险投资另眼看待，这可以理解，但一定要注意一个"度"。

对于小型风险投资，创业者也必须给予足够的重视，同样注意维护他们的尊严，对于他们的合理要求，创业者同样应该满足。

让最大的风险投资相信创业者会为股东谋取最大利益，最简单的办法莫过于让所有人都看到创业者尽心竭力地为最小的风险投资避免最小的损失。

创业者获得融资后，要与风险投资保持联络，具体步骤如图 14-5 所示。

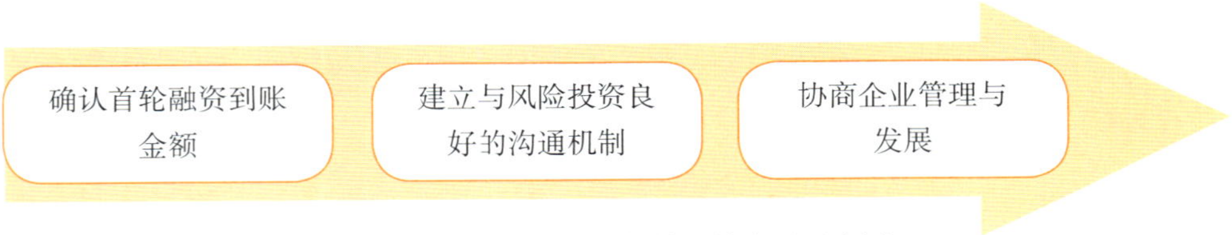

图 14-5　与风险投资保持联络步骤示意图

给予风险投资完善的服务

世界客户关系管理大师格罗鲁斯说："关系特性是服务的内生特性，利用投资者关系管理方法，以服务观来管理投资者，将使公司受益无穷。"这句话对创业者成功地处理与风险投资的后续关系有着重要的启示。

对风险投资提供最好最完善的服务，这个理念实际就是对服务的理解，是关心服务的过程。在现实工作中，不同的风险投资有不同的眼光，对服务有着不同的需求。不同的时期对服务有着不同的标准，不同的时期对服务有着不同的要求，如果一成不变，就会对风险投资失去吸引力。创业者为投资者提供完备的服务如图14-6所示。

図14-6　为投资者提供完备的服务示意图

其实，并不是所有风险投资都愿意和公司保持日常等距离关系的，所以说创业者有必要通过与不同风险投资的交流来分析，哪一位风险投资需要公司对其交易过程的深度介入和指导服务，哪一位风险投资只需要和公司保持日常性的沟通，哪一位风险投资得保持相对独立。

根据实际情况来看，有喜欢主动的风险投资，也有认为适当交流合作即可的风险投资，也有的风险投资根本就不喜欢创业者喋喋不休的服务。

主动型的风险投资可能会要求全面而且有深度地了解公司的日常运转；喜欢适当交流合作的风险投资，则要求正常范围内的广度和深度；不喜欢和创业者联系密切的风险投资沟通密切反而会招来不满。

创业者只有不断提高给予风险投资服务的质量，分析风险投资的市场需求，根据他们的不同特点，提供不同的交流方式和服务方式，才能给彼此创造一个融洽的交易氛围。

要处理好这个关系，创业者需要拓宽服务空间，比如，当风险投资来询问日常事务时，就一定要保证对风险投资的问题以及投诉随时有人受理。

针对风险投资意见较多的问题，创业者应随时让风险投资了解到跟进进程，突出体现创业者的负责态度。在和风险投资交流意见的时候，创业者不要疾言厉色，也不要居高临下，要有一个客观的态度，并且最终能够拿出清晰合理的书面资料，如图 14-7 所示。

整理公司进程　　客观地与风险投资交流意见　　提供书面文件

图 14-7　与风险投资交流的步骤

创业者与风险投资之间的关系也一样，如果合作时间长，那么这种关系应该是不断深化的。创业者要通过完善的服务，选择适当的时机，借助适当的条件，打破冷漠的单纯工作关系而将公司与风险投资的关系推向深化，让风险投资能够感到自己在所投资的公司中的重要地位。

通过一系列的努力，当创业者发现与自己合作的风险投资对公司的定位已经发生了一些变化，不再仅仅是盈利利用关系了，那么这是一个好兆头。

此时创业者会发现，风险投资对公司管理层决策的容忍度提高了。风险投资所认可的公司即使出现一些意外问题，比如信息交流不畅、研发成果失误、品牌推广障碍等，暂时受到一定影响也能在一定程度上容忍，只要这些失误不过度扩大且尽快得到解决。

不过，这一努力过程不是一蹴而就的，需要持续不断的坚持，不能半途而废，同时要认识到，创业者与风险投资保持良好的联络关系其基础在于处理好利润分配，完善的服务与沟通只是将这一关系加固，绝不能本末倒置。创业者与风险投资沟通的三个重点，如图 14-8 所示。

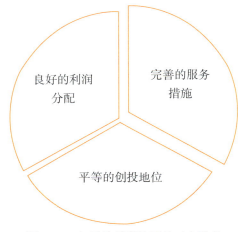

良好的利润分配　完善的服务措施　平等的创投地位

图 14-8　与风险投资沟通的三个重点

第4篇
项目融资

　　项目融资篇主要介绍了何为项目融资，项目融资的优势与劣势，项目融资的参与者，如何包装项目，PPP、BOT、ABS、TOT 等不同项目融资模式与特点。项目融资作为新的融资模式，对于大型建设项目，特别是基础设施和能源、交通运输等资金密集型的项目具有更大的吸引力和运作空间。

第15章　项目融资——
对未来盈利预期进行融资

项目融资不需要投资者用资产或者信用来做抵押和担保，也不需要其他的部门对此做出任何承诺。贷款的发放对象是专门为项目融资和经营而成立的项目公司。

以项目的名义融资——项目融资

什么是项目融资呢？用通俗的语言解释就是，以项目的名义筹措一年期以上的资金，以项目营运收入承担债务偿还责任的融资模式。

项目融资不需要投资者用资产或者信用来做抵押和担保，也不需要其他的部门对此做出任何承诺。贷款的发放对象是专门为项目融资和经营而成立的项目公司。

项目融资是贷款人向特定的项目提供贷款的一种协议融资。其中贷款人对于此项目所产生的现金流量享有偿债请求权，同时此项目资产是作为附属担保的一种融资形式。此项目的未来收益和资产都是项目融资的资金来源和安全保障。

项目融资和传统融资的区别，就在于前者是依赖项目的资产和现金流量，后者是依靠投资者或发起人的资信。

项目融资主要是依赖项目的现金流量和项目资产的多少，通过项目的未来盈利预期进行融资。一般来说，会以成立项目公司的方式进行财务的独立核算。

其融资主体的排他性决定了债权人关注的是项目未来现金流量中可用于还款的有多少。项目融资中，融资额度、成本结构等都与项目未来现金流量和资产价值密切相关。

项目融资常见的两种形式为第三方担保的项目融资和纯粹的项目融资两种，如图 15-1 所示。

图 15-1　项目融资常见的两种形式

第三方担保的项目融资

第三方担保的项目融资，是指除了以贷款项目的经营收益作为还款来源和取得物权担保外，贷款银行还要求有项目实体以外的第三方提供担保。

贷款银行有权向第三方担保人追索，但是担保人承担债务的责任，以他们各自提供的担保金额为限，因此这种有限的追索方式，称为有限追索权的项目融资。

项目融资的有限追索权的有限性表现在三个方面，如图 15-2 所示。

图 15-2　有限追索权的有限性

贷款人一般只能追索到项目实体。在项目建设开发阶段，贷款人有权对项目发起人进行完全追索。在项目经营的阶段不能产生足额的现金流量的情况下，其差额部分也可以向项目发起人进行追索，但如果通过"商业完工"标准测试，项目已经进入正常运营阶段，这时贷款可能就变成无追索性的了。

纯粹的项目融资

纯粹的项目融资，也被称为无追索权的项目融资，是指贷款的还本付息完全依靠项目的经营效益。同时，贷款银行为保障自身的利益必须从该项目拥有的资产取得物权担保。如果该项目由于种种原因未能建成或经营失败，其资产或收益不足以清偿全部的贷款时，贷款银行无权向该项目的主办人追索。

无追索权项目融资在操作规则上具有以下特点：

（1）项目贷款人对项目发起人的其他项目资产没有要求权，只能依靠该项目的现金流量偿还。

（2）项目发起人利用项目产生的现金流量的能力，是项目融资的信用基础。

（3）当项目风险的分配不被项目贷款人所接受时，由第三方当事人提供信用担保。

（4）项目融资一般建立在可预见的政治与法律环境和稳定的市场环境基础之上。

项目融资适用的项目

项目融资一般用在竞争性不强的行业。这是因为竞争性不强的项目尽管周期长，投资大，但是收益稳定，受市场变化影响小，对投资者有一定吸引力。通过对用户收费取得收益的设施和服务，是更加适合项目融资的方式。

以下三类项目适用于项目融资，即资源开发、基础设施建设和制造业项目。

项目融资最早源于资源开发项目。资源开发项目主要包括石油、天然气、煤炭、铁、铜等开采业。

基础设施建设的项目投资规模巨大，如果加入了商业化的运作，那么既可以尽快完成项目，又可以减轻政府完全出资的资金压力，最重要的是在经过商业化运作之后，还可能从中产生收益，甚至是较高的收益。因此，国家的基础设施建设，譬如铁路、公路、港口、电信和能源等项目的建设，一直是项目融资应用最多的领域。

在发达国家中，项目融资在基础设施建设项目经过了实践的验证，很多项目因为使用了项目融资的方式取得了成功。因此，现在发展中国家也逐渐引入了这种融资方式。

另外，制造业也有一些企业选择项目融资，但是由于制造业对资金需求相对于资源开发和基础设施建设两个领域来说比较小，而且制造业中间的产品很多，工序也多，操作起来比较困难，因此项目融资在制造业领域应用的范围比较窄，比较适用于委托加工生产的制造业项目以及用在工程比较单纯，或某个工程中已经在用的特定技术项目上。

项目融资的优势与劣势

项目融资和传统融资方式相比，具有图 15-3 所示的特点。

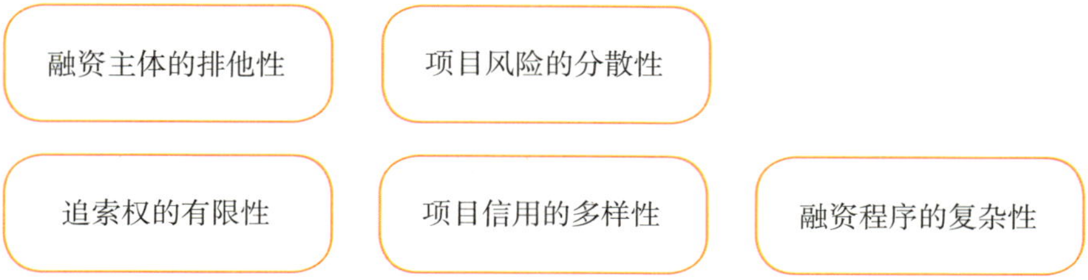

融资主体的排他性　　项目风险的分散性

追索权的有限性　　项目信用的多样性　　融资程序的复杂性

图 15-3　项目融资的特点

项目融资的最大特色，就是只基于项目本身谈项目，项目本身即等同于一个独立法人。如果没有另行约定，那么，债权方就不能追诉项目本身以外的资产。

211

项目和投资者的信用没有联系，投资者也没有担保的义务，不会对个人信用以及财产造成任何不利的影响。

因此，可以得出一个结论：项目融资虽比传统融资方式复杂、牵扯的法律条文众多，但有传统融资方式无法比拟的优势，如图15-4所示。

图15-4　项目融资的优势示意图

项目融资作为一种较新的融资方式，在大型的建设类项目，特别是基础设施和能源、交通运输等项目上，运作的空间更为广阔和合理。尤其是"有限追索"这一特点，更是保证了项目投资者自身财产和信用的安全性，就算项目最终失败，也不会影响到投资者其他方面的财产。

如果在前景较好的大型政府建设项目中使用项目融资，那么项目融资灵活多样的融资特点，就可以最大限度地规避项目中有可能产生的债务对政府预算的负面影响。

如果是合资公司或跨国公司在风险较大的国家或者地区进行海外的合资投资，那么使用项目融资的方式，就可以有效地将项目与风险相分离，把项目风险或者国家风险降到最低。

综上可以看出，事实上项目融资的资产价值是项目本身的资产价值和项目未来的现金流量，这些才是用来保证贷款偿还的依据。但也因此，项目融资本身也具有以一些突出的劣势，需要项目融资者们特别注意，如图15-5所示。

图 15-5　项目融资的劣势示意图

1. 担保体系复杂

由于项目融资资金需求量大，风险高，所以往往由多家金融机构参与提供资金，并通过书面协议明确各贷款银行承担风险的程度，一般还会形成结构严谨而复杂的担保体系。

譬如澳大利亚波特兰铝厂项目，就是由 5 家澳大利亚银行联同澳大利亚国民资源信托资金、美国信孚银行、比利时国民银行等多家金融机构共同运作。

2. 融资成本高

项目融资主要考虑项目未来能否产生足够的现金流量偿还贷款以及项目自身风险等因素，对投资者投入的权益资本金数量没有太多要求，因此绝大部分资金是依靠银行贷款来筹集的，在某些项目中甚至可以做到 100% 的融资。

由于项目融资风险高，融资结构、担保体系复杂，参与方较多，所以前期需要做大量协议签署、风险分担、咨询顾问的工作，随之就会产生各种融资顾问费、成本费、承诺费、律师费，等等。

另外，因为风险的原因，项目融资的利息一般也要高出同等条件抵押贷款的利息，这些都导致项目融资同其他融资方式相比融资成本较高。

3. 实现资产负债表外融资

实现资产负债表外融资，即项目的债务不表现在投资者公司的资产负债表中。

资产负债表外融资对于项目投资者的价值在于使某些财力有限的公司能够

213

从事更多的投资，特别是一个公司在从事超过自身资产规模的投资时，这种融资方式的价值就会充分体现出来。

这一点对于规模相对较小的我国矿业集团进行国际矿业开发和资本运作具有重要意义。因为矿业开发项目建设周期和投资回收周期都比较长，如果项目贷款全部反映在投资者公司的资产负债表上，就有可能造成资产负债比失衡，影响公司未来筹资能力。

项目融资的参与者

概括起来，项目融资的主要当事人如图 15-6 所示。

图 15-6　项目融资主要当事人示意图

项目公司

项目公司通常是项目发起人为了项目的建设而建立的经营实体。

项目公司可以是一个独立的公司，也可以是一个合资企业，或者合伙制企业，还可以是一个信托机构，如图 15-7 所示。

图 15-7　项目公司种类示意图

除项目发起人投入的股本金之外，项目公司主要靠借款进行融资。

项目发起人

项目发起人是项目公司的投资者，也就是股东。

项目发起人通过组织项目融资，实现投资项目的综合目标要求。

项目的发起人可以是一个公司，也可以是许多与项目有关的公司，如承建商、供应商、项目产品的购买方或使用方等构成的企业集团，还可以是对项目没有直接利益的实体，如交通设施项目中土地所有者和房地产商等，如图15-8所示。

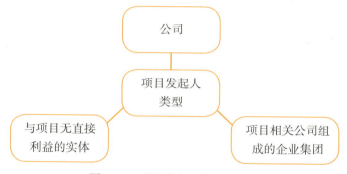

图15-8　项目发起人类型示意图

一般来说，发起人是项目公司的母公司。

贷款人

贷款人主要有商业银行、国际金融组织、保险公司非金融机构（如租赁公司、财务公司、某种类型的投资基金）和一些国家、政府的出口信贷机构，如图15-9所示。

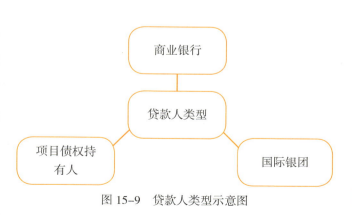

图15-9　贷款人类型示意图

215

在一个项目融资中，贷款人可以是简单的一两家商业银行，也可以是由十几家组成的国际银团，还可以是众多的项目债券持有人。贷款人的参与数目主要根据贷款的规模和项目的风险两个因素决定。

除此以外，项目承建商、项目设备/原材料供应者、项目产品的购买者、融资顾问、保险公司、东道国政府也都会是项目的获利者。

如何申请项目融资

符合下列条件之一，即可向相关部门申请项目融资。

（1）项目本身已经经过政府部门批准立项。

（2）项目可行性研究报告和项目设计预算已经政府有关部门审查批准。

（3）引进国外技术、设备、专利等已经政府经贸部门批准，并且办妥了相关手续。

（4）项目产品的技术、设备先进适用，配套完整，有明确的技术保证。

（5）项目的生产规模合理。

（6）项目产品经测算有良好的市场前景和发展潜力，盈利能力较强。

（7）项目产品销售渠道畅通，最好有"照付不议"产品购销合同。

（8）项目投资的成本以及各项费用预测较为合理。

（9）项目生产所需的原材料有稳定的来源，并已经签订供货合同或意向书。

（10）项目建设地点及建设用地已经落实。

（11）项目建设以及生产所需的水、电、通信等配套设施已经落实。

（12）项目公司能够向贷款人提供完工担保、基建成本超支安排，同意将保险权益转让贷款人，同意将项目的在建工程及其形成的固定资产抵押给贷款人，同意将项目的收益质押给贷款人。

（13）项目股东同意将各自的股权质押给贷款人。

（14）项目有较好的经济效益和社会效益。

（15）其他与项目有关的建设条件已经落实。

准备项目计划书

项目融资计划书是材料中必不可少的一环，其基本格式见表15-1。

表 15-1　项目融资计划书基本格式

序号	内　　容
1	项目的经营对象和范围
2	投资规模
3	所需要的融资服务的规模
4	建设周期
5	项目收益的主要来源（必须详细可信）
6	项目的年回报率（必须详细可信）
7	项目建设者和经营者的资历（重要部分）
8	其他情况，其中包括是否经主管部门批准，有特殊的项目是否已经办理好特殊手续。是否是国家或者地方重点扶持项目

项目融资计划书是融资时必须要提交的文件。计划书中除了需要对拟建项目从规划布局、资源利用、征地移民、经济角度等方面进行综合论证以外，还需要对生态环境和社会影响做出论述，项目计划书将成为相关部门对企业投资项目进行核准的重要依据。

准备各类资料

在准备申请的过程中，除了满足以上的申请条件以外，各类资料的准备也是必不可少。譬如：法人营业执照复印件、税务登记证（国税、地税）、中华人民共和国组织机构代码证复印件、外汇登记证复印件（外商投资企业）、法定代表人身份证明、国家有权部门对项目可行性研究报告的批准文件、有关环保部门的批准文件、外商投资企业需提供对外贸易和经济合作部批准的合资合同和章程及有关批复、建设用地规划许可证、建设工程规划许可证、贷款卡等。

如果有购销合同、原料供应合同、完工担保、成本超支安排、保险权益转让、在建工程及其形成的固定资产抵押、项目的收益权质押、项目股东股权质押等意向性文件，尽量一起提供。

递交项目融资申请

在按照要求准备齐全上文所提到的所有材料之后，可以向有关机构递交项目融资申请，具体流程见表15-2。

表15-2　项目速效申请程序表

序号	内　　容
1	项目公司向业务部门提出关于项目融资贷款的需求
2	与项目公司就"照付不议"购销合同、原料供应合同、完工担保、成本超支安排、保险权益转让、固定资产抵押、项目的收益权质押、项目股东股权质押等各项融资的安排意向进行磋商并达成一致意见
3	银行按照贷款审批程序，对项目进行审批
4	项目贷款获得批准后，项目公司与贷款银行就全部融资协议文本进行磋商
5	签署协议并提取贷款

包装项目

项目包装融资就是"项目"加"包装"。在项目包装融资中，"项目"和"包装"关系紧密，缺一不可。没有项目就不可能去包装；没有包装，项目本身就很难达到融资的目的。在一般情况下，需要包装的这部分项目本身在短时间较难看到效果，因此对项目的包装成功与否是项目融资的关键，非常重要！所以项目包装融资对项目的包装方面要求都会比较多，在包装的是否有创意、是否独特、是否科学和是否可行等方面都有较高的要求。

包装，事实上就是对一个项目的方方面面尽可能地充分展示和最大限度地完善。项目包装的主要范畴详如图15-10所示。

图 15-10　项目包装主要范畴示意图

　　一个项目的包装，不管采取什么样的方式，其最终目的，都是要让国内外的投资者在很短的时间内，找到既符合政府的要求、市场的需要，又对投资者来说投资的风险较小但发展前景很好的这类项目。

　　例如2014年年中，餐饮服务商大嘴巴获得大众点评网投资，并达成战略合作。大嘴巴与大众点评现有的餐厅订座、外卖、团购等产品实现对接。

　　大嘴巴是一家2013年才成立的有限责任公司，在获得大众点评网的投资时，仅有地面推广人员大约20人，经过精准的包装运作之后，大嘴巴的公众形象如下：大嘴巴是目前市场上唯一一家通过技术与商家对接形成商业闭环的点菜产品，通过大嘴巴APP就可以简单地完成从点菜、下单、结账等整个就餐环节，为商家节省了服务员的数量，仅此一项就节省了商家人力成本近12%。另外，自助点餐结账平均每桌节省了15分钟的时间。尤其是大嘴巴提前点菜功能解决了希望快速用餐客人和排队等位客人点菜的难题。

　　由于大嘴巴的服务可以弥补大众点评在此环节的空缺，因而获得了大众点评网高达5000万元的投资。同时，大众点评网放弃了控股权。这种合作，使大众点评网和大嘴巴实现了互惠互利的共赢局面。

项目包装的核心：可行性分析

　　可行性分析是项目包装融资的核心。根据国际惯例，可行性分析一般包括几方面的内容，如图 15–11 所示。

| 项目名称 | 合作伙伴 | 项目现状 | 项目前景 | 市场预测 |

| 融资需求及项目合作方式 | 财务数据 | 基础设施及其他条件 |

| 投资预算 |

图 15–11　可行性分析包含内容示意图

特别要注意的是，项目名称以及其中的一些词句，尽量要与国际通用标准一致。合作伙伴的历史、经营现状、发展战略以及主要人员履历；项目是否立项及批准部门，支持项目的法律、法规和经济政策；投资回收期、投资回报率、年内部收益率等财务结论；相关因素的影响对项目的盈利前景、营销前景的影响等；都应包括在可行性分析之中。

特别应注意提供：与项目有关的法律、法规；政府机关关于项目的指示性文件；国民经济有关的长远规划；国家和本地区的有关产业政策；等等。

另外，可行性分析还要有对产品竞争力以及国内或国际市场需求的分析预测；项目合作方式、合作或管理方式、融资方式、投融资流程；投资费用支出预算表、建设投资估算表、资金筹措表；项目计算期、折旧费、经营收入、经营成本、经营税金等财务预测；项目所在地的主要行业、进出口情况；与项目相关的交通运输、水电配置以及各方的出资及比例；等等。

虽然建立在市场预测基础上的可行性分析，不可能绝对准确。但是，一个好的包装项目，其论证结果必须达到一定的精确度。

如果为了引资而故意缩小投资风险、夸大经济效益，会为招商引资留下隐患，对企业的发展极为有害。

融资结构模式

项目包装融资的融资结构模式通常包括图 15-12 所示的几个方面。

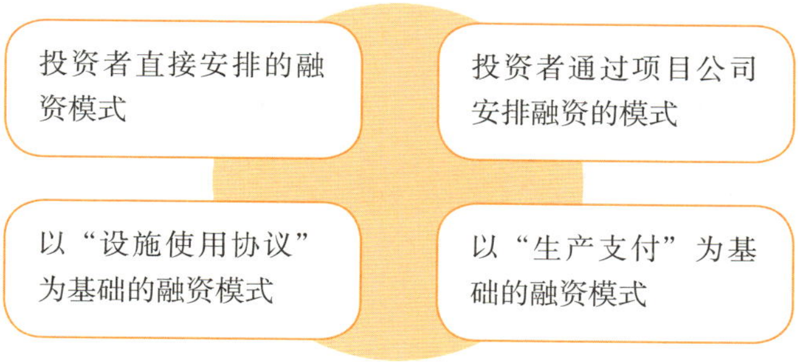

投资者直接安排的融资模式	投资者通过项目公司安排融资的模式
以"设施使用协议"为基础的融资模式	以"生产支付"为基础的融资模式

图 15-12　融资结构模式图

1. 投资者直接安排的融资模式

这类融资模式由投资者直接安排融资，并直接承担有关责任与义务，是最简单的一种融资模式。投资者可以根据其投资战略的需要灵活安排整个融资。

2. 投资者通过项目公司安排的融资模式

这种模式有以下两种形式：

（1）由项目公司统一负责项目的建设、生产、销售，并且可以整体运用项目资金和现金流作为融资抵押和信用保证。

（2）项目公司不直接安排融资，而是通过间接的信用保证形式，来支持项目公司的融资。

两种形式各有特点，由项目公司统一负责的融资方式比较容易为贷款人所接受。项目公司通过间接的信用保证形式的融资，投资者对债务责任较为清楚。

3. 以"设施使用协议"为基础的融资模式

在以"设施使用协议"为基础的融资模式中，先由项目投资者与项目使用者谈判，达成协议，然后项目使用者提供一个无论使用与否均必须付款性质的承诺，并且这一承诺为贷款人所接受。最后，以该承诺和项目的完工担保作为贷款信用保证，向贷款人贷款。

这样做的好处是投资结构的选择比较灵活，而且投资者可以利用项目设施使用者的信用来安排融资，以降低融资成本。

4. 以"生产支付"为基础的融资模式

以"生产支付"为基础的融资模式是通过直接拥有项目的产品和销售收入，而不是通过抵押或权益转让的方式来实现融资的信用保证。

资金的来源

这个部分的重点是项目资金的来源，资金是这个环节需要重点考虑的问题。

具体来说，项目中的股本资金、准股本资金、债务资金的形式、资金的比例以及资金的来源和形式等都是在项目包装融资过程中要解决的事情。

在确定项目包装融资的资金的之前，需要考虑到图 15-13 中一系列的问题。

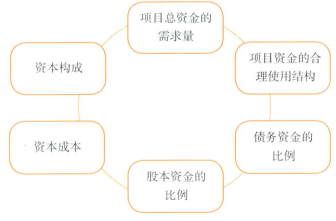

图 15-13　融资前需要考虑的问题示意图

如果能够抓住图 15-14 所示的这些问题，灵活地安排项目的资金构成比例，选择合适的资金形式，就能够达到用最小的资本做最多事情的目标。这就是既可以使投资者用最少最合理的资金投入项目，又能提高项目综合经济效益的双重效果，更好地达到项目包装融资双赢的目的。

包装项目注意事项

对照成功项目包装融资的特点和国际通用标准，创业者项目包装普遍存在以下几个问题：

第一，项目包装融资缺乏特点和吸引力。

第二，没有进行深入的可行性研究。

第三，没有科学地进行横向、宏观、行业比较。

第四，语言文字、格式同国际惯例项目比较差距较大等。

创业者进行项目包装融资，不仅是吸引投资者的过程，同时也是企业形象的展示，项目包装的成功与否对中小企业的发展起着至关重要的作用。要确保项目包装融资的成功，创业者要特别注意几个方面，如图 15-14 所示。

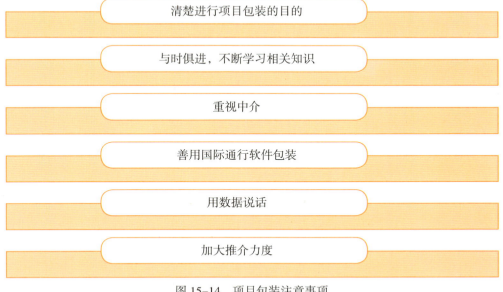

图 15-14　项目包装注意事项

创业者进行项目包装时，要避免各种问题的出现。

（1）经过开始申请、立项、审核、建议、中介介入、审查、评估、计划说明书、

223

推介等步骤，按照规范化的程序逐步完成。实际上，小微企业对项目包装的过程就是进行招商引资的过程，就是把项目从最初开始包装到最终融资成功，最终使企业与投资方实现"双赢"的这一过程。

（2）对于小微企业主而言，项目融资的难度相对较大，因为需要掌握的知识面相对较广。但是作为企业的所有者，不可能去做自己无法掌控的事情，所以更需要对相关知识进行学习。对于企业而言，项目包装融资是企业寻求合作与发展、开拓新市场的基础和前提。

（3）国际上一些大型的投资项目，通常都是由一家专业的财务顾问公司来担任其项目的财务顾问的。

这类专业性、技术性极强的工作，尽量交给有广泛的对外联络渠道，熟悉国际咨询业和项目包装领域发展的最新动态，并具有进行项目包装实践经验的中介机构操作，省时省力，并可能带来更大笔的融资款项。

（4）国际通行包装软件的特点如图15–15所示。

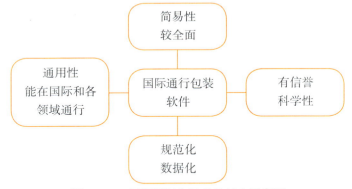

图15–15　国际通行包装软件特点示意图

国际通行包装软件一般都具有简易性的特点，便于使用者利用规范图表达到目的，并且提供的服务也相对较为全面，能够满足投资者需要。用数据说话的特性和通用的特性，使其能在国际和各领域通行。

（5）只有对各种数据长时间的积累，才能在项目包装中更可能多地反应企

224

业的全面真实情况。

（6）充分利用办展、参会、来访和信息网络寻求招商引资的合作伙伴，亦可使用推广委托代理招商、网上招商等各种方式。同时关注世界资本流动趋势，适时调整招商引资策略，积极探索利用国内外资金的新方式，加大对跨国公司的招商引资力度。

PPP 项目融资

PPP（Public private Partnership）项目融资模式最近几年在国外发展得很快，是民资介入公共投资领域的模式，是目前国家加大扶持力度的重点项目。狭义的PPP 和广义的 PPP 如图 15-16 所示。

狭义的 PPP	泛指公共部门与私人部门为提供公共产品或服务而建立的各种合作关系

广义的 PPP	一系列项目融资模式的总称，包含 BOT、TOT、DBFO 等多种模式

图 15-16　狭义的 PPP 和广义的 PPP 释义

注：1.BOT（Build-Operate-Transfer）模式，意为"建设—经营—转让"，是私营企业参与基础建设，向社会提供公共服务的一种方式。
2.TOT（Transfer-Operate-Transfer）模式，意为"移交—经营—移交"，是国际上较为流行的一种项目融资方式。
3.DBFO（Design-Build-Finance-Operate）模式，意为"设计—建设—融资—经营"，是指从项目的设计开始就特许给某一机构进行，直到项目经营期收回投资和取得投资收益。

PPP，其中文意思是：公共、民营、伙伴，即公共部门与私人企业合作模式，是公共基础设施的一种项目融资模式。

在 PPP 模式下，鼓励私人企业与政府进行合作，参与公共基础设施的建设。在参与某个项目时，责任和融资风险由参与合作的各方共同承担。

PPP 模式突破了目前的引入私人企业参与公共基础设施项目组织机构的多种限制，尤其适用于大型、一次性的项目，如监狱、道路、铁路、医院、地铁以及学校等，应用范围十分广泛。

当原有的融资平台遭到限制，但是基础设施建设仍然需要继续投入和进行的时候，PPP 模式就可以大显身手了。PPP 模式能够为民营资本提供更多的机会，并与此同时有效地解决政府基础设施建设中容易遭遇的资金短缺的问题。

中国最早的 PPP 项目，是泉州市政府与名流公司组成的 BOT（建设—经营—转让）的合作关系。项目是泉州刺桐大桥的建设。两者出资比例是 6 ∶ 4，民间资本占大股。根据泉州市政府要求，刺桐大桥项目的经营期限是 30 年，其中包括刺桐大桥建设，设定的时间是 3 年。民营企业聘请了竞争对手作为监理方，为了节约时间成本，提前半年的时间，保质保量地完成了刺桐大桥建设项目。

优势

PPP 融资模式与以往私人企业参与公共基础设施建设的项目融资模式相比，虽然并不是全局上的改变，但带来的影响却是巨大的。它的优势，见表 15-3。

表 15-3　PPP 融资模式的优势

序号	内　　　容
1	消除费用的超支
2	减少最后的投标价格
3	促进投资主体的多元化
4	政府部门和企业可以取长补短
5	协调各方不同的目标
6	风险分配合理
7	应用范围广泛

1. 消除费用的超支

公共部门和私人企业在初始阶段，私人企业与政府共同参与项目的识别、可行性研究、设施和融资等项目建设过程，保证了项目在技术和经济上的可行性，缩短前期工作周期，使项目费用降低。

研究表明，与传统的融资模式相比，PPP 项目平均为政府部门节约 17% 的费用，并且建设工期都能按时完成。

2. 减少最后的投标价格

在 PPP 融资模式下，有意向参与公共基础设施项目的私人企业可以尽早和项目所在国政府或有关机构接触，可以节约投标费用，节省准备时间，从而减少最后的投标价格。

3. 促进投资主体的多元化

在 PPP 融资模式下，公共部门和私人企业共同参与公共基础设施的建设和运营，双方可以形成互利的长期目标。另外，PPP 融资模式下有可能增加项目的资本金数量，进而降低较高的资产负债率。

4. 政府部门和民营部门可以取长补短

政府部门和民间部门可以取长补短，发挥政府公共机构和民营机构各自的优势，弥补对方的不足。双方可以拥有互利的长期目标，可以以最有效的成本为公众提供高质量的服务。

5. 协调各方不同的目标

通过 PPP 融资模式，使得项目的参与各方重新整合，组成战略联盟，对协调各方不同的目标起到了关键性作用。

6. 风险分配合理

PPP 融资模式可以使参与公共基础设施项目融资的私人企业在项目的前期就参与进来，在项目初期就可以实现风险分配。

由于政府分担一部分风险使风险分配更合理，减少了承建商与投资商风险，从而降低了融资难度，提高了项目融资成功的可能性。

7. 应用范围广泛

PPP 融资模式突破了引入私人企业参与公共基础设施项目组织机构的多种限制。

江苏省是全国 PPP 模式的首批试点省，已经成立了省级 PPP 试点中心。在

227

（侧边栏）第15章　项目融资——对未来盈利预期进行融资

2014 年 8 月的 PPP 项目推介会上，推出了 15 个 PPP 的试点项目，总投资额约 875 亿元，涉及交通基础设施、供水安全保障、污水处理设施建设、生活垃圾无害化处理以及完善公共服务设施配套五大领域。其中，交通基础设施项目 6 个，供水安全保障项目 2 个，污水处理设施建设项目 2 个，生活垃圾无害化处理项目 3 个，完善公共服务设施配套建设项目 2 个。

PPP 和 BOT

PPP 融资模式是从公共事业的需求出发，利用民营资源的产业化优势，通过政府与民营企业双方合作，共同开发、投资建设，并且维护运营公共事业的合作模式。

PPP 项目融资脱胎于 BOT 项目融资，但又超越了 BOT 项目融资，同时可以弥补 BOT 项目融资的一些不足。

PPP 融资模式代表的就是一个完整的项目融资概念。虽然 BOT 项目融资应用的最为广泛和成熟，但是在 BOT 模式下的谈判过程耗时太久，投标费用过高。这种情况使投资人在比较被动的同时，加大了项目融资的难度。而 PPP 项目融资由于有了政府的担保，这就使资金在安排和调度方面轻松很多。两种融资模式比较如图 15-17 所示。

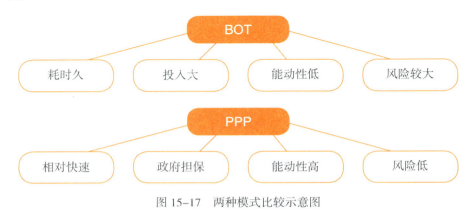

图 15-17 两种模式比较示意图

PPP 融资模式是对项目周期过程中组织机构的设置提出的一个新的模型。这种模式的一个最显著的特点就是项目所在国政府或者所属机构与项目的投资者和经营者之间的相互协调及其在项目建设中发挥的作用。其中政府的公共部门与私人参与者以特许权协议为基础，进行合作。

这种合作始于项目的确认和可行性研究阶段，双方共同参与项目的确认、技术设计和可行性研究工作，对项目采用项目融资的可能性进行评估确认，采取有效的风险分配方案，把风险分配给最有能力的参与方来承担，这种共同的合作贯穿项目的全过程，双方共同对整个项目负责。

BOT 项目融资

BOT 项目融资是指国内外投资人或财团作为项目发起人，从某个国家的地方政府获得基础设施项目的建设和运营特许权，然后组建项目公司，负责项目建设的融资、设计、建造和运营。BOT 融资模式是私营企业参与基础设施建设，向社会提供公共服务的一种方式。BOT 融资模式的特点如图 15-18 所示。

图 15-18　BOT 融资模式的特点

譬如广西来宾电厂 B 厂项目，被誉为来宾模式，就是国内首次采用 BOT 模式吸引外资建设电厂的一个典型范例。

该项目自 1988 年国家计委批复项目建议书后，由于资金长期得不到落实，

229

项目迟迟不能动工兴建。于是在 1995 年初，广西壮族自治区人民政府向国家计委申请采用 BOT 方式进行试点。很快地，在 1996 年 6 月，法国电力公司和阿尔斯通联合体合作在竞争中中标。

其中法国电力公司拥有电厂 60% 的股权，电厂建成后由法国电力公司负责经营 15 年，然后将电厂所有权移交给广西壮族自治区人民政府。来宾电厂 B 厂 BOT 项目投资总额达 6.16 亿美元，该项目的全部投资都是通过项目融资模式筹措，由法国、英国等国的银行牵头组成了 19 家银团联合承贷。

BOT 融资模式主要用于建设收费公路、发电厂、铁路、废水处理设施和城市地铁等基础设施项目。广西来宾电厂 B 厂 BOT 融资项目取得了巨大的成功，促进了当地经济的蓬勃发展。

以 BOT 模式融资的优越性是非常强的。

（1）BOT 融资目不但构成政府外债，还可以提高政府的信用，而且最大限度地减少对政府财政预算的影响，使政府能在自有资金不足的情况下，仍然能够运行一些有利于民生的基建项目。这样，政府就可以集中自有资源，对一些政府势必要完成，但没有投资者愿意没资的项目进行投资。

（2）把企业较为高效的管理模式引入项目，能使项目建设的质量得到较大的提高，项目建设的进度也会加快。但要注意的是与此同时，项目的全部风险也会随之转移给了企业的发起人。

（3）BOT 的项目能够吸引到很多的海外投资，在海外投资进驻的同时，海外的先进技术和理念以及管理方法等也都会随之进入。这些不但对国家的经济发展建设有很大的帮助，而且在人文、影响力、地方经济发展、企业的意识等各个方面，都会因此而产生积极、正面的影响。

运作流程

一个完整的 BOT 项目运作过程包括确定项目、选择项目公司、项目建设、运营和移交五个主要步骤，如图 15-19 所示。

图 15-19　BOT 项目运作主要步骤

1.确定项目

政府首先要根据实际情况，提出项目的初步设想，接下来聘请专业的咨询机构对既定项目进行技术水平分析以及经济效益等方面的论证。如果分析和论证没有问题通过，那么就可以按照基本的建设程序，开始准备完成项目立项的审批手续。

2.选择项目公司

项目公司主要有协商方式和招标方式两种可供选择。因为使用 BOT 融资模式需要谈判的条件较多，所以采用协商方式成功率较低，即使成功，由于缺乏竞争，项目成本也会比较高。

3.项目建设

项目建设如图 15-20 所示。

图 15-20　项目建设示意图

在对项目进行设计的部分，项目公司一般会采取直接委托专业咨询机构的方式进行项目设计。在建筑公司的施工期间，大多数承包商都不希望政府对项目进行干涉，但是例如在沙角 B 电厂设备招标项目中，政府就参加了监督，最终的整体价格比预算降低了 5 亿港币。因此为了能够在保质保量完成的基础上，降低成本，政府一般情况下会对项目进行监督，并且部分参与项目。

4. 运营

项目公司在 BOT 项目运营期内，可以由自己直接运营，或者委托专业的独立运营的公司来帮助运营此项目。

5. 移交

BOT 项目期满的时候，由政府或者政府委托的机构对项目进行验收，以确认项目是否达到合同规定的质量以及其他事前约定的各项标准。

如果有问题，那么可以要求项目公司做一定的修理或更换工作。然后，项目公司把整套设备移交政府。政府可以自己运营这些设备，也可以选择与该项目公司议定延续特许协议，或者与具有竞争力的公司议定一个新的特许权协议。

分段融资

项目方在对自己的项目充满自信之时，要运用扎实可信的市场调研数据、科学合理的战略规划、理性的陈述方式来打动投资者。如果本身的专业知识不够，那么就需要聘请专业的融资服务机构，对融资活动展开全程的跟踪服务。如果项目方对资金的需求非常迫切，那么可以考虑采取分段融资方式。

使用分段融资方式进行融资的好处主要有三点，如图 15-21 所示。

图 15-21　分段融资的好处示意图

上海隧道工程有限公司，就是使用了 BOT 的方式建设了昆明南连接线高速公路工程，这也是上海隧道公司在西南市场的首个 BOT 项目，即以"建设—经营—转让"为经营方式的投资项目。昆明南连接线高速公路工程已经于 2014 年 8 月 30 日开通。此前，宁波常洪隧道、上海大连路隧道、杭州钱江隧道也都是上海隧道工程有限公司成功的 BOT 案例。

BOT 项目融资的风险

项目融资和传统融资项目相比，在风险的承担方面，如图 15-22 所示。

| 项目融资 | 风险由所有参与者分担 |
| 传统融资 | 风险集中于投资者、放贷者、担保者的身上 |

图 15-22　风险承担比较示意图

BOT 项目投资大，期限长，且条件差异较大，常常无先例可循，所以 BOT 项目融资的风险较大。风险的规避和分担也就成为 BOT 项目的重要内容。

BOT 项目在整个过程中可能出现的风险有五种类型，如图 15-23 所示。

图 15-23　BOT 项目风险类型示意图

233

1. 政治风险

政局不稳定，社会不安定，会给 BOT 项目带来政治风险，这种风险是跨国投资的 BOT 项目公司特别考虑的。投资人承担的政治风险随项目期限的延长而相应递增，而对于本国的投资人而言，则较少考虑该风险因素。

跨国投资的 BOT 项目首先要考虑的就是政治风险问题。这种风险难以评估，可在谈判中获得政府某些特许的方式，抵消部分政治风险。

2. 市场风险

在 BOT 项目特许期的过程中，供求关系变化和价格变化时有发生。

在 BOT 项目回收全部投资以前，市场上有可能出现更廉价的竞争产品，或更受大众欢迎的替代产品，以致对该 BOT 项目的产出的需求大大降低，此谓市场风险。

一般来说 BOT 项目投资大多期限长，又需要政府的协助和特许，所以具有垄断性。这并不能排除由于技术进步等原因带来的市场风险。

在原材料市场上可能会由于原材料涨价从而导致工程超支，也是市场风险之一。

3. 融资风险

由于汇率、利率和通货膨胀率的预期外的变化带来的风险，是融资风险。

如果发生了比预期高的通货膨胀，那么 BOT 项目预定的价格（如果预期价格约定了的话）则会偏低。如果利率升高，由于高的负债率，则 BOT 项目的融资成本大大增加。

因为 BOT 项目融资常常用于跨国投资，所以汇率的变化或兑现的困难也会给项目带来融资风险。作为创业者，要格外考虑从几方面降低融资风险，如图 15-24 所示。

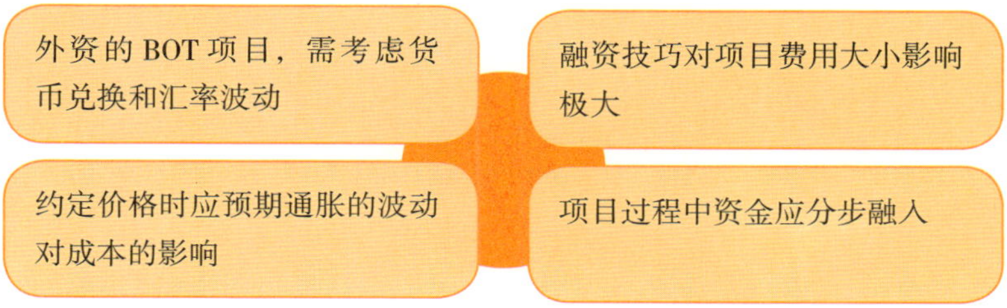

外资的 BOT 项目，需考虑货币兑换和汇率波动
融资技巧对项目费用大小影响极大
约定价格时应预期通胀的波动对成本的影响
项目过程中资金应分步融入

图 15-24　降低 BOT 项目融资风险示意图

4. 技术风险

在 BOT 项目进行过程中，由于一些细节问题的不恰当安排而带来的这部分风险，一般称之为技术风险。

技术风险主要表现为延期和工程本身的缺陷上。

（1）如果工程延期，会使工程的经营期减少；如果不能按期交付，可能直接面临的就是工程回报的减少，或者赔款、项目停工，甚至最终放弃。

（2）工程缺陷是在施工过程中留下的问题。工程缺陷的风险可以通过制定严格的制度和监管措施来减少其发生的可能性。

关于风险的承担，主要有图 15-25 所示的三种情况。

风险的承担
新技术本身风险由项目的发起人和确定人承担
项目由私人机构发起，由项目公司承担
项目由政府发展计划确定，由政府主要负责

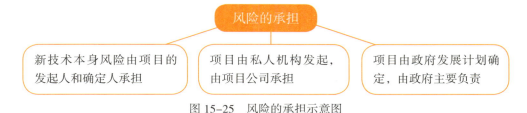

图 15-25　风险的承担示意图

5. 不可抗力风险

BOT 项目和许多项目一样要承担地震、火灾、洪灾和泥石流等不可抵抗而又难以预计的外力的风险。这种风险政府和私人机构都无能为力。

在项目合同中政府和项目公司还应约定不可抗力风险的分担方法。同时，可以依靠保险公司承担部分风险，对于大型 BOT 项目可以采取多家保险公司进行分保的方式。

在市场经济中，政府可以分担 BOT 项目中的不可抵抗力风险，保证货币兑换，或承担汇率风险，其他风险皆由项目公司承担。

如果项目过程以项目公司为主体操作，则由项目公司承担全部风险。

6. 规避风险

BOT 项目需要认真做好大量的前期工作，如对项目进行技术的和经济的详细论证，创造良好的投资环境，尽可能降低投资风险提出符合立项审批要求的项目建议书和可行性研究报告。特许合同是 BOT 项目的核心，它明确了在特许期内政府和项目公司的权利与义务，反映了双方的风险与回报。合同条款一定要严密，过于简单，一旦出现遗漏问题，往往会由此产生纠纷。因此，应该聘请有经验的专业咨询公司做顾问，在项目合同的严密性上狠下功夫。

BOT 项目的前期工作较为复杂，它既涉及政府部门与非政府部门之间的谈判与合作，又牵涉许多需要相互之间良好协调的关键机构，如政府部门、项目部门、项目投资者、用户等，它既涉及包括金融、税收、外汇等经济问题，也涉及法律、公众利益、环境保护等社会问题。

由于 BOT 项目涉及公众利益并且需要以土地、交通、能源、通信、人力资源等为基础实施，因此，在投资环境（经济环境、政治环境和法律环境等）的考察和建设上，需要花大力气。

ABS 项目融资

ABS（Asset-Backed-Securitization）项目融资，即资产收益证券化融资，意思是用这个项目的资产带来的预期收益做保证，通过一套提高信用等级计划在资本市场发行债券来募集资金的一种项目融资模式。

ABS 项目融资是国际资本市场上流行的一种项目融资模式，已在许多国家的大型项目中采用。

较为常见的融资种类有以下几种：汽车消费贷款、学生贷款证券化；商用、农用、医用房产抵押贷款证券化；信用卡应收款证券化；基础设施收费证券化；设备租赁费证券化；贸易应收款证券化；中小企业贷款支撑证券化；基础设施收费证券化；知识产权证券化；保费收入证券化；门票收入证券化；俱乐部会费收入证券化；等等。ABS 项目融资特点见表 15-4。

表 15-4　ABS 项目融资特点

序号	内　　　容
1	最大优势是面对国际市场发行债券筹集资金，债券利率一般较低，降低了筹资成本
2	通过证券市场上的债券发行和筹集资金，使筹资成本降低，特别适合大规模的资金筹集，是 ABS 不同于其他方式的显著特点
3	仅与项目资产的未来现金收入有关，国际市场上发行债券是由众多的投资者购买，现金流有保证，分散投资风险
4	融资环节较少，因此佣金和手续费等中间费用较少
5	通过独立项目融资公司筹集资金，因此负债不反映在权益人自身的资产负债表上，不影响权益人资产质量
6	ABS 项目融资由于有项目资产作为支撑，信用评级较高，所以能够进入国际证券市场，发行那些易于销售、转让以及贴现能力强的债券
7	ABS 项目融资投资多元化，领域遍及各行各业，有助于多样化的投资

由于 ABS 项目融资是通过另外成立的独立项目融资公司进行，因此项目的主办方可以避开很多政策法规的限制。

如果是大型的基础设施，还可以避开政府的税收、不能用政府信用为经营项目担保、财政预算规模等的壁垒。同时决策权不变，政府部门也不需要担心

表 15-5　ABS 项目融资的运作过程

序号	内　　　容
1	专门成立一个独立的项目公司。这个公司为信用担保公司或者信托投资公司
2	寻求权威的评估公司对该公司进行尽可能高的信用评价
3	项目公司选择能进行资产收益证券化融资的对象
4	以合同、协议等方式将项目未来的收益权权利转让给项目融资公司
5	项目融资公司直接在资本市场发行债券募集资金或者由目标公司信用担保，由其他机构组织发行。由于其信用级别较高，所以筹资成本会明显低于其他的筹资方式。募集到的资金将用于项目建设
6	项目融资公司组织项目的经营和建设，并通过项目资产的现金流入清偿债券本息
7	项目融资公司在特许期满后，按照合同的约定将项目资产无偿转让给项目的主办方

237

无法控制，这是 BOT 项目融资所不具备的优点。ABS 项目融资的运作过程见表 15-5。

从表 15-5 可以看出，在这些环节中，无论是基础建设还是公共项目，只要是可以预见到未来收益和持续现金流的，都适合采用 ABS 项目融资模式运作。很多国家和地区将 ABS 融资模式重点用于交通运输部门的铁路、公路、港口、机场、桥梁、隧道建设项目；能源部门的煤气、天然气基本设施建设项目；公共事业部门的医疗卫生；供水、供电和电信网络等公共设施建设项目，都取得了很好的效果。

TOT 项目融资

TOT 是"移交—经营—移交"的简称，指政府与投资者签订特许经营协议后，把已经投产运行的可收益公共设施项目移交给民间投资者经营，凭借该设施在未来若干年内的收益，一次性地从投资者手中融得一笔资金，用于建设新的基础设施项目。

特许经营期满后，投资者再把该设施无偿移交给政府管理。

TOT 模式与 BOT 模式是有明显的区别的，它不需要直接由投资者投资建设基础设施，因此避开了基础设施建设过程中产生的大量风险和矛盾，比较容易使政府与投资者达成一致。TOT 模式主要适用于交通基础设施的建设。

中国最早的 TOT 项目是王小郢污水处理项目。王小郢项目所有投标人的报价均远超底价，最高报价接近底价的 1.8 倍。这个招标结果在中国水务行业内引起轰动。项目条件中确定的服务费单价，为污水处理市场化项目确立了价格标杆，使整个行业的价格下降 20% 以上。王小郢项目开创了国内污水处理 TOT 模式运作的先河，为我国公用事业改革提供了成功案例。

最近国外出现一种将 TOT 项目融资模式与 BOT 项目融资模式结合起来但以 BOT 项目融资模式为主的项目融资模式，叫作 TBT 项目融资模式。在 TBT 项目融资模式中，TOT 项目融资模式的实施是辅助性的，采用它主要是为了促成 BOT 项目融资模式。

TBT 项目融资模式有两种方式，见表 15-6。

表 15-6　TBT 项目融资模式有两种方式

序号	内　　容
1	公营机构通过 TOT 模式有偿转让已建设施的经营权，融得资金后将这笔资金入股 BOT 项目公司，参与新建 BOT 项目的建设与经营，直至最后收回经营权
2	无偿转让，即公营机构将已建设施的经营权以 TOT 模式无偿转让给投资者，但条件是与 BOT 项目公司按一个递增的比例分享拟建项目建成后的经营收益

这两种方式中无偿转让较为多见。无偿转让就是公营机构与 BOT 项目公司签署协议，BOT 公司同意按照合约规定的比例，分享项目的收益。双方订立收益分享合同之后，公营机构把经营权以 TOT 的模式无偿转让给投资者。

长期以来，我国交通基础设施发展严重滞后于国民经济的发展，资金短缺与投资需求的矛盾十分突出，TOT 项目融资模式为缓解我国交通基础设施建设资金供需矛盾找到一条现实出路，可以加快交通基础设施的建设和发展。

以上介绍的融资方式虽然有其各自的优点，但是由于它们的应用条件有别、适应环境各异，而且政府在其中所起的作用、承担的风险和代价也不同。